A ELEIÇÃO
DISRUPTIVA

A ELEIÇÃO DISRUPTIVA
POR QUE BOLSONARO VENCEU

**MAURÍCIO MOURA
JULIANO CORBELLINI**

1ª edição

EDITORA RECORD
RIO DE JANEIRO • SÃO PAULO
2019

CIP-BRASIL. CATALOGAÇÃO NA PUBLICAÇÃO
SINDICATO NACIONAL DOS EDITORES DE LIVROS, RJ

M888e

Moura, Maurício
  A eleição disruptiva: por que Bolsonaro venceu / Maurício Moura, Juliano Corbellini. – 1ª ed. – Rio de Janeiro: Record, 2019.

  ISBN 978-85-01-11717-5

  1. Bolsonaro, Jair Messias, 1955-. 2. Marketing político – Brasil. 3. Presidentes – Brasil – Eleições. 4. Campanhas eleitorais – Brasil. I. Corbellini, Juliano. II. Título.

19-56214

CDD: 324.70981
CDU: 324(81)

Vanessa Mafra Xavier Salgado – Bibliotecária – CRB-7/6644

Copyright © Maurício Moura e Juliano Corbellini, 2019

Todos os direitos reservados. Proibida a reprodução, armazenamento ou transmissão de partes deste livro, através de quaisquer meios, sem prévia autorização por escrito.

Texto revisado segundo o novo Acordo Ortográfico da Língua Portuguesa.

Direitos exclusivos desta edição reservados pela
EDITORA RECORD LTDA.
Rua Argentina, 171 – Rio de Janeiro, RJ – 20921-380 – Tel.: (21) 2585-2000.

Impresso no Brasil

ISBN 978-85-01-11717-5

Seja um leitor preferencial Record.
Cadastre-se em www.record.com.br
e receba informações sobre nossos
lançamentos e nossas promoções.

Atendimento e venda direta ao leitor:
sac@record.com.br

"A pior cegueira é a mental, que faz com que não reconheçamos o que temos pela frente."

José Saramago

"Todos podem ver as táticas de minhas conquistas, mas ninguém consegue discernir a estratégia que gerou as vitórias."

Sun Tzu

A Anita, Maya, Matteo (*in memoriam*),
Monita, Ingrid, Ana e Moacyr.

M. M.

Para João Barbosa (*in memoriam*) e
Plinio Zalewsky (*in memoriam*).

J. C.

Sumário

Agradecimentos	11
Prefácio, por Jairo Nicolau	15
Apresentação: 2018: A eleição em que a moeda caiu de pé!	19
1. A eleição dos indignados	**25**
O pleito presidencial brasileiro de 2018: uma introdução	27
Medo e revolta: o imaginário da eleição	32
De Lula a Bolsonaro: a metamorfose no eleitorado brasileiro	37
O lulismo e a Lava Jato: os dois polos dinâmicos que sobram na política brasileira	49
2. O apito de cachorro: como o discurso de Bolsonaro engajou seus eleitores	**59**

3. **Os dois polos dinâmicos e a batalha de rejeição**   **85**

A evolução dos números já apontava a equação
eleitoral   87

A cristalização dos polos   100

4. **Caiu no grupo, é mito? A eleição do WhatsApp**   **109**

A Era dos Smartphones   111

Mobilização voluntária nas redes (on e off-line)   116

Alguns dínamos desse movimento voluntário   121

    Olavo de Carvalho como impulsionador   121

    Memeficação da política como estrutura principal   122

A facada como evento propagador do mundo digital   125

Fake News*: foram realmente decisivas?*   127

5. **Diferentes de tudo que está aí: o que une Trump
e Bolsonaro?**   **135**

Os representantes dos indignados   139

Pouco importa o que eles falam   143

O "empurrãozinho" da mídia espontânea   144

O "empurrãozão" das redes sociais   147

6. E se?   **149**

**7. Nada será como antes. Mas nem tudo será
diferente de antes**   **155**

Agradecimentos

Este livro não seria possível sem o trabalho, o esforço e a dedicação de muita gente do IDEIA Big Data que, ao longo de 2016, 2017 e 2018, se dedicou a entender o novo momento do Brasil, a estudar a mente dos eleitores e, principalmente, a ousar compreender (como poucos) em que ritmo batia o coração da opinião pública.

Primeiramente, agradeço todo o apoio (e paciência) dos meus sócios e companheiros de luta diária: Viviane Henz, Caroline Schuler, Carolina Dantas, Cila Schulman, José Maciel, Fábio Sena, Gustavo Gomes, Ygor Lemos, Rodrigo Santoro e Kiko Sader. Em especial, sou grato ao Moriael Paiva, que colaborou com ideias e comentários para este livro.

Em segundo lugar, gostaria de ressaltar o enorme suporte que tive para dissecar os dados disponíveis e não disponíveis sobre essa eleição disruptiva. Muito obrigado (aliado a uma profunda admiração) a Cristiana Brandão, Renata Castro, Carolina Dias,

Ingrid Peregrini, Mina Miyakawa, professora Bruna Cavalari, Juliana Costa, Fábio Cabral, Zeca Figueiredo (aqui representando todos da Caverna de Ribeirão Preto) e Cledson Santos.

Um destaque merecidíssimo, com meu eterno agradecimento, deve ser dado ao dr. Juliano Spyer, à dra. Talita Castro e à Gabriela Mathias, por inovarem com a antropologia digital e criarem o "Bolsonômetro". Obrigado também aos incansáveis parceiros: Ana Lúcia Teixeira, desde 2006 trabalhando em eleições comigo, os competentes Bruno Diniz e Andrea Mazilão e os sempre presentes Otávio Cabral, Tiago Pariz e Bia Murano.

Por fim (*last but not least*), agradeço ao amigo Chico Mendez, que sempre me estimulou a seguir crescendo e me aperfeiçoando nessa difícil arte de estudar, de maneira séria, correta e inovadora, a opinião pública brasileira.

M. M.

Em primeiro lugar, agradeço a toda a equipe do IDEIA Big Data pelo suporte sempre ágil na organização dos dados primários e secundários que usamos neste livro.

Agradeço a minha esposa, Aline Louise, cujo incentivo tem sido uma energia vital neste momento de minha carreira, e que me ajudou a entender conceitos teóricos no campo da comunicação que foram fundamentais na construção deste livro; a minha filha Mariana, para sempre oxigênio e luz na minha vida, e a toda minha família, que sempre acreditou e torceu muito por mim: meus pais, Hélio e Marilena, e meus irmãos Cassio, Helinho e Camilo.

Por último, muito obrigado às pessoas que, quase todas involuntariamente e quase sempre em agradáveis conversas de reflexão descomprometida, contribuíram para *insights* analíticos que pontuam este trabalho: meu sempre mestre Francisco Ferraz, Marco Cepik, Alvaro Bianchi, Ana Simão, Paulo Moura, João Ferrer, Carlos Grassi e Fernando Niedesberg. Amigos de vários quadrantes políticos e ideológicos, com quem tenho ampla liberdade de debates, reflexão e divergências desarmadas, algo tão necessário num tempo em que se grita tanto, se ouve tão pouco, e em que o princípio da verdade dos fatos é banalmente vilipendiado.

J. C.

Prefácio

Jairo Nicolau

Desde 1945, quando as eleições passaram a ser realizadas em um ambiente competitivo no Brasil, já houve doze disputas para a Presidência da República. Quatro delas aconteceram entre 1945 e 1964; oito foram realizadas no atual ciclo democrático. Utilizar adjetivos para comparar eleições realizadas em diferentes contextos é sempre temerário. Mas arriscaria utilizar um para dar a dimensão do lugar de 2018; ela foi a disputa mais surpreendente da história das eleições do Brasil.

Uso a expressão "surpreendente" para me referir à expectativa que a maioria dos estudiosos e da classe política tinha em relação a qual seria o resultado das eleições. A seis meses do pleito (quando terminou o prazo final para a filiação partidária), praticamente ninguém apostava que Bolsonaro seria eleito presidente. Sintomático dessa descrença foi o fato de o candidato do PSL não ter conseguido o apoio de nenhum dos partidos tradicionais.

Como acreditar que um candidato com uma história parlamentar sem muito destaque, concorrendo por um partido minúsculo, sem recursos do fundo eleitoral e com apenas oito segundos no horário eleitoral teria chances?

As eleições de 2018 serão estudadas por muitos pesquisadores. Listo algumas perguntas que provavelmente tentarão ser respondidas: Que fatores contextuais ajudam a explicar a vitória de Bolsonaro e o excelente desempenho do PSL? Em que medida características socioeconômicas (religião, sexo, renda) do eleitorado influenciaram o voto? Qual foi o papel das mídias sociais e das fake news? É possível dimensionar o efeito do atentado sofrido por Bolsonaro?

A eleição disruptiva: por que Bolsonaro venceu é o primeiro trabalho sistemático sobre as eleições presidenciais de 2018 a ser publicado. O livro tem a virtude de tratar dos aspectos centrais que envolveram a campanha eleitoral. Para tal, mobiliza diversos tipos de dados (entrevistas, pesquisa de opinião em larga escala, o *tracking* telefônico diário, antropologia digital).

O livro propõe uma hipótese muito interessante para pensar as eleições presidenciais de 2018. A disputa entre o PT e o PSDB, que vigorou por duas décadas (1994-2014), teria sido substituída pelo que os autores chamam de "novo polo dinâmico". A sugestão é que, no lugar de dois partidos, a competição de 2018 tenha se dado entre duas forças: o lulismo e o "partido da Lava Jato".

A ELEIÇÃO DISRUPTIVA

A existência do lulismo como força relativamente autônoma em relação ao PT já havia sido sugerida por alguns pesquisadores. A novidade é a sugestão da existência de um novo campo difuso de centro-direita, "o partido da Lava Jato", que simplesmente teria sido ocupado por Bolsonaro. Esse novo campo político tem algumas características marcantes: é basicamente composto por um eleitorado urbano, que foi maciçamente exposto às denúncias de corrupção veiculadas nos últimos anos, e que experimentou a decadência dos serviços públicos e o crescimento da violência urbana.

Outro ponto de destaque no livro é o tratamento dispensado às mudanças na estrutura de comunicação das campanhas eleitorais, com o amplo uso das redes sociais. Os autores dão um peso menor ao papel das redes sociais do que o assinalado por alguns analistas ao longo da campanha. O mesmo acontece com a difusão de fake news, cujo papel na vitória de Bolsonaro também é relativizado.

Maurício Moura e Juliano Corbellini têm feito um grande número de pesquisas sobre o comportamento político dos brasileiros. Este livro é a forma que encontraram para compartilhar suas experiências e achados com o grande público. Uma vantagem, a meu juízo, é que tiveram a ousadia de escrever a quente. Nesse caso, o registro do que aconteceu no país no segundo semestre de 2018 fica livre das visões do que ocorre *a posteriori*.

A campanha de 2018 mostrou que cresceu o número de brasileiros interessados pela política. *A eleição disruptiva* apresenta elementos importantes para enriquecer o debate sobre as mudanças recentes na política brasileira, sobretudo o significado da vitória de Bolsonaro. Um início muito bom da longa conversa que faremos sobre a mais surpreendente eleição da história brasileira.

Apresentação

2018: A eleição em que a moeda caiu de pé!

Uma reunião na Federação Paulista de Futebol acabara de decidir a tabela e o regulamento do campeonato estadual daquele 1943. Iria começar o grande campeonato paulista, o maior da história, segundo se apregoava. A imprensa foi convidada a entrar no salão nobre. Ali os dirigentes passaram a conceder intermináveis entrevistas. Os representantes do Palmeiras e do Corinthians não bastavam para tantos microfones e tantas perguntas.

O representante do São Paulo Futebol Clube naquele dia era o Sr. Décio Pedroso, primeiro paulistano sócio do clube. A imprensa pediu que ele se colocasse ao lado dos cartolas dos outros dois times.

Os repórteres presentes somente direcionavam perguntas para os concorrentes do São Paulo. O ponto mais relevante era saber quem seria campeão naquele ano: Palmeiras ou Corinthians?

O tempo corria e nada de perguntas para o Sr. Pedroso. Naquele momento, perante profissionais da imprensa escrita e do rádio, ele não parecia ter status nem de coadjuvante. A discussão era claramente binária. Cada um com seu argumento mais verde ou alvinegro.

Até que um dos jornalistas mandou o seguinte: "Bem, senhores, não há como saber quem, entre Palmeiras e Corinthians, será o campeão paulista. Sugiro que resolvamos o impasse no jogo da moeda. Jogarei a moeda ao alto. Se der cara, é porque ganhará o Corinthians. Se der coroa, é porque ganhará o Palmeiras."

A risada foi coletiva e a discussão pareceu se encerrar naquele instante. Todavia, antes de jogar a moeda, o jornalista lembrou-se do Sr. Pedroso e emendou: "E o representante do São Paulo, o que acha que vai acontecer? A moeda cairá com a face voltada para a cara ou para a coroa?" A pergunta regada de ironia teve uma resposta, além de elegante e cortês, bastante inusitada: "A moeda não cairá voltada para a face cara nem tampouco para a face coroa. A moeda cairá pela primeira vez em pé, e o campeão será o São Paulo FC!"

E foi isso que realmente ocorreu. Contra todos os prognósticos, o São Paulo seria o campeão.

A ELEIÇÃO DISRUPTIVA

Em 2018, a moeda caiu de pé nas eleições presidenciais brasileiras. A vitória de Jair Bolsonaro certamente representou o que para muitos parecia improvável, senão impossível.

A motivação deste livro é discorrer sobre os principais elementos que, segundo analisamos, levaram a moeda a cair de pé. As próximas páginas tentam, com todas as nossas limitações, iluminar diversos aspectos e variáveis que, somados, levaram o deputado Jair Bolsonaro ao Palácio do Planalto.

Não pretendemos esgotar a discussão e o entendimento do que se passou em 2018. Uma eleição com esse grau de complexidade não permite o pleno esgotamento de nuances. O tempo também ajudará muito a atribuir as devidas dimensões históricas para cada acontecimento.

Além disso, numa época em que fortes emoções são envolvidas nas discussões políticas brasileiras, e na qual estigmas e rótulos comumente se sobrepõem ao debate racional sobre os fatos e as ideias, vale também mencionar que o nosso objetivo é construir uma análise com a máxima objetividade, no seu sentido weberiano.

Este livro analisa criticamente as eleições de 2018, em alguns momentos aponta o que, na nossa visão, foram erros e/ou acertos estratégicos de vários atores, mas, embora evidentemente todos nós tenhamos opiniões e preferências, não pretende ser um trabalho "alinhado" a coisa alguma. Somos acadêmicos, pesquisadores e profissionais que atuam no marketing político, e vamos nos deter a fatos, pesquisas de opinião e interpretações de dados, e o faremos, com a melhor das intenções, da maneira mais objetiva possível. Qualquer erro e/ou incoerência é de nossa total responsabilidade, mas nunca deve ser interpretado com a intenção de intervir no debate em prol de quem quer que seja.

Além disso, importante assinalar que um dos autores, Maurício Moura, num momento em que muito poucos levavam a sério as chances de vitória de Bolsonaro, foi um dos primeiros analistas a afirmar publicamente sua condição de favorito na corrida presidencial, em entrevista concedida a Flávia Marreiro e publicada em fevereiro de 2018 no portal do jornal *El País*.

O outro autor, Juliano Corbellini, já afirmava, em artigo publicado no jornal *Zero Hora*, em fevereiro de 2017, que a operação Lava Jato criava uma contranarrativa na política brasileira, enredo que excluía os partidos tradicionais de oposição ao PT e gerava uma dinâmica sem precedentes, dividida em dois novos polos, o "partido da Lava Jato" e o lulismo, em substituição à polarização tradicional entre PSDB e PT.

As hipóteses que vamos apresentar aqui, portanto, não são fórmulas de "engenharia sobre uma obra feita". Partem da análise de dados e de uma reflexão que amadurecia já desde antes da campanha de 2018.

A política e o marketing político no Brasil vivem um momento de transição que não permite certezas peremptórias. Nosso objetivo com este livro, longe de qualquer pretensão de estabelecer sentenças definitivas, é contribuir com aqueles que, por meio da pesquisa e da reflexão histórica e teórica, estão interessados em entender esse processo e os rumos a que pode nos levar. Mais um singelo tijolo no castelo do conhecimento sobre política e marketing político no Brasil.

1.

A eleição dos indignados

O pleito presidencial brasileiro
de 2018: uma introdução

Antes do início da campanha presidencial de 2018 no Brasil, uma mesma crença parecia ser compartilhada entre muitos analistas políticos e boa parte dos líderes do PT e do PSDB, os partidos (Corinthians e Palmeiras da política brasileira) que protagonizaram e polarizaram todas as eleições nacionais desde 1994: a fragilidade da candidatura de Jair Bolsonaro. Poucos apostavam suas fichas na consolidação e na competitividade do capitão da reserva. A história talvez revele que nem mesmo o próprio Bolsonaro acreditasse nesse desfecho.

Afinal, estávamos diante de um candidato outsider (autointitulado "fora do sistema"), com menos de dez segundos de tempo de televisão na propaganda oficial, sem estrutura partidária sólida que lhe garantisse palanques fortes nos estados e que, ao longo de sua carreira, colecionou manifestações no mínimo polêmicas e com alto potencial destruidor para uma carreira política: defendeu publicamente a tortura e a ditadura militar, disse que o ex-presidente Fernando Henrique merecia ser "fuzilado", chamou uma jornalista de vagabunda, falou a uma deputada federal que não a estupraria porque não merecia e afirmou que negros quilombolas não servem nem pra procriar, além de colecionar frases criticadas pelo sentido homofóbico. Bolsonaro usou e abusou, em sua trajetória pública, de todo o enxoval politicamente incorreto.

O partido de Lula apostava numa fórmula bastante simples: levar Fernando Haddad ao segundo turno ancorado na popularidade do ex-presidente, e torcer para que Bolsonaro mantivesse sua vaga para o escrutínio final, pois seria um adversário facilmente "batível".

Geraldo Alckmin conseguira montar uma grande coligação, base que lhe garantia quase metade de todo o horário eleitoral gratuito. O tucano calculava que desidrataria Bolsonaro mostrando sua faceta controversa de maneira intensa na televisão. Ocuparia assim o lugar dele no segundo turno, promoveria um plebiscito nacional contra o PT e venceria a eleição.

Pois eis que uma semana após o início da campanha no rádio e televisão, no dia 6 de setembro, Jair Bolsonaro é vítima de um atentado, ferido com uma facada no abdômen. O lamentável fato faz com que a ofensiva de desconstrução promovida por

A ELEIÇÃO DISRUPTIVA

Alckmin diminua o ímpeto, e gera uma reação imediata de comoção entre os eleitores de Bolsonaro.

A análise histórica não admite o "se". É muito difícil estabelecer um parâmetro para debater o quanto a história da campanha de 2018 poderia ter outro destino se o atentado não tivesse ocorrido, se o resultado final seria ou não diferente. Mas a nossa hipótese é que, bem antes desse episódio, as condições que apontavam para a vitória de Bolsonaro já estavam se constituindo.

As pesquisas telefônicas diárias (mais conhecidas como *tracking*) apontavam, pré-facada, números muito positivos para o capitão. Em 5 de setembro, um dia antes do atentado, Bolsonaro tinha quase 20% de votos espontâneos nas pesquisas, o que, por si só, já o colocava no segundo turno.[1]

Em 2014, o quadro sucessório presidencial quase foi alterado por outro evento provocador de comoção nacional, a morte do candidato do PSB, o ex-governador de Pernambuco Eduardo Campos, imediatamente seguida da disparada de sua substituta, Marina Silva, nas pesquisas de opinião. Mas, rapidamente, as razões da política se sobrepuseram, Marina não resistiu à dureza dos ataques do PT e desidratou, e o Brasil assistiu mais uma vez à repetição da polarização entre PT e PSDB.

---

1. Voto espontâneo significa a intenção de voto verbalizada pelo eleitor pesquisado sem que o entrevistador apresente alternativas. No ambiente de discussão metodológica, representa o voto mais consolidado. Afinal, o eleitor verbaliza um determinado nome com convicção sem qualquer referência prévia.

Em 2018, as razões da política já conspiravam a favor de Bolsonaro. O atentado não mudou o rumo da história, mas potencializou uma tendência que já estava dada.

A vitória de Bolsonaro pode e deve ser explicada independentemente do episódio do atentado. As razões estruturais, as mais importantes, que levaram à sua eleição já estavam anteriormente estabelecidas: (1) a desmoralização das elites políticas e do conjunto do sistema partidário tradicional provocada pela Lava Jato (talvez esta seja a maior herança da operação sob a perspectiva do eleitor); (2) o aprofundamento da crise na segurança, que adquire o status de maior problema nacional na percepção da opinião pública; e (3) o crescimento da importância das redes sociais, particularmente a disseminação do WhatsApp como nova plataforma de comunicação, que revoluciona a competição eleitoral e o modo de fazer campanha política no Brasil. Acima de tudo, essa era a eleição dos eleitores indignados e "empoderados" pelo telefone celular.

O professor Jairo Nicolau resgata o conceito de "eleição crítica" para definir o processo eleitoral de 2018.[2] Ou, ainda, se recorrermos a um termo em moda, foi uma "eleição disruptiva", que desorganizou e alterou de forma ríspida os padrões, os atores, as referências de competição partidárias vigentes.

Uma campanha que se inicia com a liderança de um candidato que, todo o país sabia, estava preso. E que, com a confirmação da

---

2. NICOLAU, Jairo. O triunfo do bolsonarismo: como os eleitores criaram o maior partido de extrema direita da história do país. *Piauí*, n. 146, nov. 2018. Disponível em: <https://piaui.folha.uol.com.br/materia/o-triunfo-do--bolsonarismo/>. Acesso em: mar. 2019.

impossibilidade jurídica de Lula disputar, vê um outsider assumir a dianteira. Uma corrida eleitoral na qual o candidato do PSDB, Geraldo Alckmin, após quatro mandatos como governador de São Paulo, perde no seu próprio estado, e, mesmo tendo quase metade do tempo total de TV, faz menos de 5% dos votos válidos. Na qual Marina Silva, que em 2014 fizera mais de 20 milhões de votos, por pouco ultrapassa a barreira de 1 milhão de votos, chegando atrás do até então desconhecido Cabo Daciolo.

Se o processo eleitoral de 2018 fosse uma obra de ficção, seria um conto de Suzana Flag. Tudo o que aparentemente era sólido no sistema de competição eleitoral partidário anterior se desmanchou, e as bases do que será o futuro, neste momento, estão absolutamente incertas.

As mudanças tecnológicas e nas plataformas de comunicação não são um detalhe, mas parte central da dinâmica alucinante dessa campanha presidencial. As redes sociais e muito particularmente o WhatsApp formaram um "subsolo" no processo eleitoral de alta mobilização emocional e de cristalização de preconceitos e preferências. Um universo com circulação frenética de informações e onde muito facilmente se perdia a noção que distingue falso e verdadeiro; onde os argumentos perdiam importância e o embate das narrativas em seu estado puro se impôs.

Em *Jogos de poder*,[3] Dick Morris comenta vários exemplos históricos de grandes líderes políticos que conseguiram vencer por saber dominar, antes dos outros, uma nova tecnologia. Roo-

---

3. MORRIS, Dick. *Jogos de poder.* Ganhar ou perder: as estratégias dos grandes líderes da história. Rio de Janeiro: Record, 2004.

sevelt, ao saber usar o rádio com o tom da intimidade; Kennedy, ao apostar em uma estratégia de glamourização de sua imagem na televisão. Por razões que ainda merecem muito estudo e pesquisa, a onda Bolsonaro encontrou nas redes e no WhatsApp um espaço em que se espalhou e que dominou amplamente. Essa nova dinâmica no debate político nacional alimentou e se alimentou da ruptura profunda observada entre os eleitores e o sistema de representação político tradicional no país.

Medo e revolta: o imaginário da eleição

Ao contrário do que sintetizou a máxima "It is the economy, stupid!", cunhada por James Carville, estrategista do ex-presidente Bill Clinton, não vamos encontrar numa tirada racional utilitária a explicação para o resultado das eleições presidenciais no Brasil em 2018.

O estrategista norte-americano então explicava a vitória de Clinton, em 1992, com aquela afirmação cortante e histórica: "É a economia, estúpido." Que reforçava a tese — respeitável e defendida por muitos que pensam comunicação e marketing político — de que a questão econômica é a determinante crucial no resultado de uma eleição nacional. Quando a economia vai bem, vence o incumbente. Quando vai mal, vence o opositor. Uma expressão da hipótese da *rational choice* eleitoral sobre a qual fala Anthony Downs no seu clássico *Uma teoria econômica da democracia*.[4]

---

4. DOWNS, Anthony. *Uma teoria econômica da democracia*. São Paulo: Edusp, 1999.

A ELEIÇÃO DISRUPTIVA

De fato, muitas vezes é assim. O Brasil tem na sua história recente um exemplo que corrobora essa hipótese: a eleição de Fernando Henrique Cardoso em 1994. O Plano Real significou o fim de um ciclo hiperinflacionário que, para além das consequências macroeconômicas, impunha uma desorganização nuclear da sociedade brasileira, com profundas consequências dentro das casas das famílias do país. O Plano Real representou uma ordem no caos.

Uma das propagandas de Fernando Henrique em 1994 fixava com clareza essa razão essencial do voto no candidato. Como todas as grandes peças publicitárias de campanha, era simples e direta. Uma mão segurando uma moeda de cinquenta centavos e um texto dizendo: "Há pouco tempo uma moedinha não comprava nada. Agora, com uma moeda de R$ 0,50 você compra meia dúzia de ovos, meio quilo de arroz, meio quilo de feijão (...). Sem moeda forte, não tem salário forte."

Todas as razões essenciais para votar em Fernando Henrique estavam reunidas ali e, principalmente, eram sentidas no bolso dos eleitores.

A primeira vitória de Luiz Inácio Lula da Silva, em 2002, deu-se num contexto de desemprego em alta e uma das máximas da campanha petista naquele ano foi a promessa de gerar "10 milhões de empregos". Era a economia.

Não conseguiremos, porém, entender a polissêmica eleição de Bolsonaro em 2018 com um raciocínio tipicamente "moderno" e linear. Não foi uma reação à crise econômica em que o Brasil se encontrava em 2018, embora essa crise seja um componente do resultado, nem o produto de um "embate de projetos". Tampouco foi exclusivamente um "plebiscito sobre o PT", apesar de a opinião dos eleitores sobre o PT e Lula ter sido uma das questões divisivas fundamentais do pleito, desde o primeiro turno.

A análise do que aconteceu em 2018 no Brasil nos faz lembrar do clássico de Joseph Schumpeter, *Capitalismo, socialismo e democracia*,[5] quando trata do comportamento "extrarracional" dos eleitores e de como os processos eleitorais são capazes de "transformar o indivíduo em multidão", "levado a um frenesi", independentemente da ausência da aglomeração física. O que se viu, particularmente nas redes sociais, foi um autêntico estado de frenesi contra os políticos (e a política) em geral e o PT em particular.

Também podemos tomar emprestado dos pós-modernos franceses o conceito de imaginário para falar sobre 2018. A eleição de Bolsonaro teria sido a expressão de um imaginário. Uma atmosfera que foi se instalando por contágio. Não foi o resultado de uma racionalização sobre o país, a adesão a um plano ou programa no sentido clássico. Mas a explosão de diversos sentimentos represados, de emoções, de valores. Uma soma de preconceitos, de intolerâncias e de antissentimentos que se alimentaram numa frente virtual contra um inimigo comum: o *establishment* político e especialmente o PT.

---

5. SCHUMPETER, Joseph A. *Capitalismo, socialismo e democracia*. São Paulo: Unesp, 2017.

A ELEIÇÃO DISRUPTIVA

Uma eleição se ganha na mesa de bar, no almoço de família, na conversa no trabalho (e, agora, nos grupos de WhatsApp). A arte de uma campanha está em contagiar e armar o eleitor de seu candidato com os argumentos para conquistar outros eleitores nesses ambientes.

No caso de 2018, não tivemos uma batalha de argumentos. Mas a explosão de um sentimento que não encontrou barreiras de contenção num sistema partidário com sua imagem devastada. Foi a eleição dos indignados, uma manifestação de ira contra "tudo o que está aí". "Chega!" talvez seja a expressão que mais resume a energia nuclear do voto em Bolsonaro, gesto que unifica os variados antissentimentos que sustentaram sua vitória e que não estavam muito preocupados com o "pra frente". A grande questão para os eleitores de Bolsonaro era estabelecer uma linha de corte com o "pra trás".

Nas eleições de 2018, as emoções que foram primordiais na escolha final da maioria dos eleitores foram a insegurança sentida nas ruas e a revolta contra a corrupção, os políticos em geral e especialmente contra o PT. Plataformas não foram importantes, promessas não foram decisivas. Votou-se "contra" alguma coisa. Houve uma batalha de rejeições. E se escolheu um candidato que era o ponto de encontro desse mosaico de antissentimento.

Uma pesquisa de diagnóstico nacional realizada pelo instituto IDEIA Big Data, em junho de 2018, mostrava com clareza a moldura que então delimitava a opinião dos eleitores e dava alguns indícios. A principal preocupação de 45,2% dos entrevistados, por exemplo, estava relacionada à segurança pública e ao medo de ser vítima da violência. A saúde aparecia em segundo lugar, com distantes 12,7% das menções. A segurança pública passara a ser um tema também de cidades médias brasileiras. Problemas como assaltos, drogas e homicídios deixaram de ser monopólio de grandes centros e ocuparam a rotina de cidades como Caruaru, Pelotas, Araraquara e Juiz de Fora.

Além disso, com a intervenção militar no Rio de Janeiro, eleitores de outros estados começaram a se perguntar: "Por que o Rio de Janeiro recebeu os militares e nós não?" Pesquisa do IDEIA Big Data, logo depois da intervenção, indicou que 71% dos entrevistados de Pernambuco acreditavam que "seu estado merece intervenção militar". Portanto, segurança pública passou a ser um tema crítico para eleição presidencial.

Para 72% dos entrevistados, o que mais envergonhava o Brasil no exterior era a corrupção e os políticos mentirosos. A saúde pública vinha em segundo lugar, com 3%, e as desigualdades sociais, em quinto lugar, com 1,8% das menções.

No mesmo levantamento, 52,8% dos entrevistados manifestaram a vontade de votar em um candidato à Presidência de fora da política. Esse número estava em 24% em 2014. Ou seja, mais que duplicara em quatro anos. Em pergunta estimulada sobre em quais partidos nunca votariam, 57% responderam que nunca em um candidato do PT. Importante lembrar, contudo, que Lula é uma instituição maior que o próprio partido, e que a disposição dos eleitores em votar nele e no PT tem aferição distinta.

A mesma pesquisa já indicava o peso que o WhatsApp teria como plataforma de comunicação. Entre os entrevistados, 75,4% declararam já ter recebido informações políticas pelo aplicativo, e 36,1% as haviam passado adiante. E, mais importante, esses dados foram coletados no período pré-campanha. Por aí já se imaginava o potencial desse instrumento. Vale ressaltar também que os pleitos presidenciais de Chile, México e Colômbia tiveram o WhatsApp como protagonista.

Ou seja, nenhum dado parecia dar um fundamento sólido e seguro para a crença disseminada entre analistas e as elites partidárias tradicionais de que Bolsonaro dissolveria, ou que perderia para qualquer adversário no segundo turno. O diagnóstico do pleito mostrava eleitores querendo um candidato que não representasse a política tradicional, que tivesse um discurso mais agressivo em relação ao tema da segurança e que pudesse sustentar sem constrangimentos um discurso anticorrupção. Mostrava também que as redes sociais poderiam se tornar uma válvula de escape, uma alternativa para a escassez de tempo de Bolsonaro, um campo por meio do qual a sua narrativa pudesse fluir. E que a rejeição ao PT era uma barreira que limitaria em muito a competitividade do seu candidato no segundo turno.

De Lula a Bolsonaro: a metamorfose no eleitorado brasileiro

Para entender como chegamos a essa conjuntura, a essa virada de mesa imposta pelos eleitores ao sistema político brasileiro, é interessante dar um salto atrás, até 2002, e lançar um olhar mais abrangente sobre a história política recente do país.

Imagine um comercial com dezenas de ratos. Trilha forte e intensa. Eles atacam vorazmente a bandeira do Brasil arrastando-a até um buraco. A locução diz uma única coisa: "Ou a gente acaba com eles, ou eles acabam com o Brasil. Xô, corrupção." Esse filme poderia perfeitamente fazer parte do enxoval de peças audiovisuais da campanha de Bolsonaro, mas compôs a pré-campanha de Lula, veiculada alguns meses antes do início daquela corrida presidencial vencida pelo PT.

Muito se fala na importância da "carta aos brasileiros" para a vitória de Lula naquele pleito, mas serviu apenas para acalmar os mercados (não que isso seja pouca coisa) e preencher a mídia editorial com um debate favorável ao PT. A força matricial que levou à eleição de Lula era um profundo desejo de mudança, combinado com uma remoção das barreiras que impediam o diálogo do candidato com os eleitores "não petistas". A revolta contra a corrupção era parte dessa agenda.

A eleição de Lula em 2002 foi a vitória do discurso da mudança envolvido em um sentimento de esperança. A eleição de Bolsonaro em 2018 foi a vitória do discurso de ruptura com o sistema político movido por um sentimento de raiva.

Dois anos antes da eleição presidencial de 2002, as bases para a vitória de Lula já se desenhavam nas disputas municipais. Em 2000, o PT venceu em Porto Alegre, São Paulo, Goiânia, compôs a chapa vitoriosa com o PSB em Belo Horizonte, e fincou suas estacas no Nordeste, nas cidades de Recife e de João Pessoa, e no Norte, em Belém do Pará. Em São Paulo, por exemplo,

A ELEIÇÃO DISRUPTIVA

o PT avançou sobre municípios grandes do interior e obteve vitórias em Campinas, Santos, Guarulhos e Diadema. No Rio Grande do Sul, além de Porto Alegre, venceu em três das quatro maiores cidades do interior: Caxias, Pelotas e Santa Maria. O PT se consolidava então como um partido dos grandes centros urbanos e da classe média.

Em 2018, seriam os grandes centros urbanos e a classe média os maiores algozes do PT e, mais amplamente, do sistema partidário tradicional. Nas eleições municipais de 2016 já havia sintomas dessa escalada outsider nos resultados em cidades como Curitiba, Rio de Janeiro e Belo Horizonte. Mesmo em São Paulo, o partido mais forte do estado, o PSDB, optara por apresentar um candidato que se dizia "não político" e que se apresentava como "gestor". Em todas essas cidades observaram-se índices muito altos de abstenção e votos brancos e nulos. Sinais claros do esgotamento de um ciclo. É muito importante considerar essa metamorfose no Brasil político.

Lula foi eleito em 2002 comprometido em abrir um ciclo de mudanças e estabelecer um novo padrão ético na dinâmica política nacional. Obteve sucesso retumbante em relação ao primeiro compromisso, principalmente com a incorporação de milhares de famílias mais pobres a um patamar significativamente superior de renda, consumo e acesso aos serviços. Além disso, o presidente da República tornou-se popstar na arena internacional (*the one*, como se referiu a ele Barack Obama), incorporou um discurso de elevação da autoestima da nação e terminou seu mandato com índices estratosféricos de aprovação. Condição que lhe permitiu ungir uma candidata desconhecida, Dilma Rousseff, como sucessora. Não existem parâmetros comparativos precisos para isso, mas Lula deve rivalizar com Getúlio Vargas como liderança de maior capital eleitoral e popularidade pessoal de toda a história do Brasil.

Desde o terceiro ano do primeiro mandato de Lula, porém, estabeleceu-se uma crise que não foi contida, e que minaria progressivamente o "compromisso ético" estabelecido com os eleitores no pleito de 2002: o episódio do Mensalão. Não fazemos aqui um juízo de fato ou de moral sobre o episódio, mas uma constatação analítica. O sucesso do governo Lula e a enorme popularidade do presidente da República fizeram com que o risco de a pauta ética "traída" minar as forças do PT fosse sublimado e negligenciado pelo partido.

A corrupção na política brasileira não nasce com o PT, ou com o PSDB, ou com a redemocratização. É uma constante nos marcos de uma sociedade política criada e fundamentada no manuseio dos recursos do patrimonialismo. Posicionar-se como "distribuidor" de recursos governamentais, praticar clientelismo eleitoral, ocupar aparelhos estatais, estabelecer conluios e relações de troca com agentes privados para fins políticos e de benefício pessoal não é prática exclusiva de governos recentes. Mas a questão é que a opção do governo Lula como de seus antecessores, parece ter sido justamente acomodar-se nesse manejo patrimonialista para implementar a sua agenda.

Todavia, o escândalo do Mensalão não foi páreo à popularidade titânica de Lula. O presidente reelegeu-se e elegeu sua

A ELEIÇÃO DISRUPTIVA

sucessora. A perda da agenda ética, entretanto, abriu uma fissura na relação do PT com a classe média. E a crise do Mensalão, se não derrotou Lula, deixou acesa uma centelha que poucos anos depois se transformaria em um incêndio, com a operação Lava Jato.

A partir de 2011, com Lula fora da Presidência, dispara-se uma sucessão de fatores que faria com que o PT primeiro, e seus tradicionais opositores liderados pelo PSDB, depois, perdessem o controle sobre a conjuntura política e, em seguida, a sucessão presidencial de 2018.

As grandes manifestações populares de 2013 foram o prenúncio de que se avizinhava uma crise muito mais que conjuntural, uma crise estrutural na já desgastada relação entre a sociedade brasileira e o seu sistema de representação política. Em junho daquele ano, eclodiu nas grandes capitais do país o movimento pelo passe livre. Um movimento que, naquele momento, ainda guardava semelhança com as mobilizações antiglobalização europeias, com fortes componentes de sentido autonomista e de subversão da hierarquia política. Não poderia se caracterizar como um movimento "antipetista", mas era, com certeza, também cobrança ao governo do PT. A onda de insatisfação reverberaria na presidente Dilma Rousseff, que tinha aprovação de 57% e veria sua popularidade cair à metade naquele mês. Também enfraqueceu partidos tradicionais, como PT e PSDB, e abriu espaço para os movimentos sociais e cívicos.

São Paulo seria o epicentro nacional dos protestos. A primeira reação do então prefeito de São Paulo, Fernando Haddad (PT), e do governador do estado, Geraldo Alckmin (PSDB), em 14 de junho, foi não ceder aos manifestantes, ao que se sucedeu uma escalada de repressão violenta e de confronto nas ruas.

Foi como combater um início de incêndio jogando gasolina. Pesquisa da socióloga Angela Alonso[6] mostra que, em 16 de junho, as hashtags #mudabrasil, #changebrazil e #giganteacordou foram Trending Topics no Brasil, os tópicos mais mencionados em um determinado período nas redes sociais. A manifestação na capital paulista em 13 de junho, segundo a *Folha de S.Paulo*, contara com 6,5 mil pessoas. Quatro dias depois do choque entre manifestantes e tropas do governo, no dia 17, os presentes aumentariam em dez vezes o número de participantes: 65 mil pessoas haviam ido às ruas.

As manifestações não só cresceram em poucos dias, mas mudaram qualitativamente a natureza de seu conteúdo. Não são mais unicamente jovens protestando contra aumento de passagens no transporte coletivo, mas uma realidade caleidoscópica em que se misturam grupos sociais diferentes e na qual eclodem palavras de ordem e valores políticos dispersos. Surge a insígnia "não é só pelos 20 centavos"; reivindicações difusas por mais saúde, segurança, educação. Um forte sentimento antipartido se expressava nos eventos de rua, com o veto ostensivo, de iniciativa própria dos manifestantes, à presença de qualquer bandeira partidária. E, aos poucos, surgiriam os cartazes e as

---

6. ALONSO, Angela. A política das ruas: protestos em São Paulo de Dilma a Temer. *Novos Estudos Cebrap*, ed. especial, vol. Dinâmicas da Crise, jun. 2017. Disponível em: <http://novosestudos.uol.com.br/wp-content/uploads/2018/07/Angela-Alonso_A-pol%C3%ADtica-das-ruas.pdf>. Acesso em: mar. 2019.

A ELEIÇÃO DISRUPTIVA

palavras de ordem, de caráter nacionalista e conservador, contra os "corruptos" e "os mensaleiros do PT".

A nova onda de manifestações foi marcada pela falta de homogeneidade e por pouca coordenação política. Colocava na rua ao mesmo tempo pensamentos distintos e reivindicações vagas, e revelava crenças em torno de valores antagônicos entre seus manifestantes. Mesmo assim, havia um *Geist* ali, a expressão de forte sensação de mal-estar da sociedade ante o estado geral das coisas, da política, da oferta de serviços públicos.

Essa onda transformaria definitivamente as redes sociais numa nova e poderosa plataforma de comunicação e de organização política. Um processo em nada comparável, sociologicamente, a grandes movimentos de rua como a campanha pelas "Diretas Já" ou o "Fora Collor". Estávamos diante da primeira grande manifestação de massas de caráter pós-moderno da história política brasileira. Esse tipo de movimento, que começara na Primavera Árabe, passara pelos indignados na Europa e ocupara Wall Street, havia chegado ao Brasil.

Os protestos de 2013, cujos "alvo" e composição social ainda eram difusos, arrefeceram. Mas deixaram dois saldos residuais muito importantes: a retomada do hábito de ir às ruas e a descoberta das redes sociais, muito especialmente do WhatsApp (ainda iniciante no Brasil), como imensa plataforma de comunicação e teia de organização social rápida, eficiente, autônoma, e com alto grau de imunidade em relação aos veículos da política tradicional. Esse ambiente seria dominado por uma base social de classe média, nacionalista, de perfil político conservador, antipetista, e seria, alguns anos mais tarde, um polo de suporte ativo à campanha de Jair Bolsonaro.

Paralelamente, num ambiente de crise econômica crescente, aumento do desemprego e queda de qualidade nos serviços públicos, aprofundou-se no jogo político brasileiro uma escalada de radicalização, de paralisia institucional e de desmoralização do sistema partidário tradicional.

As eleições de 2014 foram intensamente polarizadas e registraram o resultado mais equilibrado na série histórica do confronto entre PT e PSDB. Dilma Rousseff venceu Aécio Neves pela escassa margem de 3,2 pontos percentuais. E vale mencionar que parlamentares com viés mais conservador ganharam representatividade no Congresso Nacional. Também foi a primeira vez desde a redemocratização que os vencidos questionaram judicialmente os vencedores. O PSDB pediu a cassação da chapa Dilma/Temer. O segundo mandato da presidente iniciou-se sob "tempestade perfeita", combinando alta instabilidade institucional com o agravamento da crise econômica.

Em 15 de março de 2015, menos de três meses após o início do segundo mandato, voltariam a ocorrer manifestações de rua, mas dessa vez com uma composição mais nítida e homogênea, centrada mais claramente no campo antipetista, conservador e nacionalista. A tônica dessas manifestações foi de hostilidade ao PT e a Lula, com pedido de cassação de Dilma, exaltação a Sérgio Moro, ataque à corrupção e, em algumas franjas dessas mobilizações, defesa de intervenção militar.

A ELEIÇÃO DISRUPTIVA

Mais adiante, quando a abertura do processo de impeachment mobilizou tanto os grupos pró-governo quanto os pró-impeachment, ficaria nítido que, enquanto as manifestações em defesa de Dilma estavam encapsuladas na militância e nos aparelhos partidários e sindicais ligados ao PT ou a outros grupos de esquerda, aquelas a favor do impedimento da presidente transbordavam para muito além dos partidos de oposição, que, aliás, nas ruas, desempenharam um papel bastante secundário e chegaram a ser hostilizados.

Estávamos diante de uma classe média altamente mobilizada e representativa de uma opinião pública, àquela altura dos acontecimentos, majoritariamente favorável à queda de Dilma Rousseff. Pesquisa Datafolha, realizada entre 7 e 8 de abril de 2016, mostrou que 61% dos brasileiros apoiavam o impeachment; 33% eram contrários.

Importante registrar que, logo após as eleições presidenciais de 2014, observou-se um grande recrudescimento na operação Lava Jato, tendo entre dezenas de alvos muitas lideranças do PT. Em abril de 2015, o ex-deputado federal petista André Vargas e o ex-tesoureiro do partido João Vaccari Neto foram presos. Vargas seria o primeiro político condenado por Sérgio Moro na Lava Jato. Em agosto daquele ano, o ex-ministro José Dirceu foi preso pela segunda vez, após já ter cumprido pena em regime fechado pelo caso do "Mensalão". Em novembro, foi a vez do ex-ministro e ex-líder do PT no Senado Delcídio Amaral.

Evidente que as sucessivas quedas de lideranças do PT aumentavam o "antipetismo" na classe média, desgastavam cada vez mais a imagem do partido com o estigma da corrupção e incendiavam o ambiente político no período pré-impeachment.

Março de 2016 seria um dos meses dos mais frenéticos de toda essa crise. No início daquele mês, o ex-presidente Lula foi conduzido coercitivamente, em São Paulo, para prestar depoimento. Em seguida, no dia 16, foi nomeado pela presidente Dilma Rousseff novo ministro da Casa Civil. O governo alegaria razões políticas enquanto a oposição acusaria uma manobra para dar a Lula foro privilegiado no Superior Tribunal Federal. Sérgio Moro reagiu e, na noite do mesmo dia, divulgou (de maneira aparentemente fora do arcabouço jurídico vigente) para a imprensa, em horário nobre, conversas entre Lula e a presidente gravadas em grampos feitos pela Polícia Federal.

O vazamento desse diálogo (que legalmente deveria permanecer em sigilo) indicava o alto nível de radicalização política e a ameaça de uma grave crise institucional no país. Ele alimentou a interpretação de que a nomeação fora uma manobra para proteger o ex-presidente na esfera judicial. Como consequência, as ruas foram novamente tomadas pelos manifestantes pró-impeachment. Lula chegaria a tomar posse no dia seguinte, mas o ato de nomeação seria anulado, no Supremo, pelo ministro Gilmar Mendes.

Essa manobra era a última cartada do governo Dilma. Em 12 de maio de 2016, menos de um ano e meio após a sua vitória nas eleições presidenciais, a presidente seria afastada provisoriamente. Michel Temer assumiu interinamente e montou um novo governo. Finalmente, no mês de agosto, consumado o processo de impeachment, Temer se tornaria, definitivamente, o presidente da República.

No último processo de impeachment que o Brasil havia vivido, em 1992, contra Fernando Collor de Mello, o novo presidente, Itamar Franco, conseguiu rapidamente estancar a crise herdada do antecessor. Montou um governo com larga amplitude política e base parlamentar confortável, e implementou uma agenda econômica que enfrentaria com sucesso a grave crise inflacionária que penalizava o país desde o final do ciclo dos governos militares. Itamar chegou ao final de seu mandato com altos índices de popularidade e, sustentado no sucesso do Plano Real, elegeu seu sucessor, seu ex-ministro da Fazenda, Fernando Henrique Cardoso.

Em quase nada o desempenho de Michel Temer pode ser comparado ao de Itamar Franco. Seu governo não conseguiu dar respostas a qualquer dos vetores decisivos para a queda de Dilma: a crise econômica e a crise ética. No plano econômico, seus indicadores foram tímidos para os anseios da população e sua aposta em duas agendas de reformas estruturais — a trabalhista e a da previdência — obteve êxito parcial, tendo aprovado apenas a primeira. No campo político, não sinalizou qualquer ruptura com o padrão clientelista tradicional na relação entre Executivo, partidos e Legislativo.

Em maio de 2017 Michel Temer seria abalroado pelo vazamento de um grampo que revelava uma conversa dele próprio com um dos executivos da empresa de carnes JBS, envolvida em um grande escândalo nacional — diálogo que foi veiculado como trazendo sua anuência à compra do silêncio do ex-presidente da Câmara Eduardo Cunha, preso no âmbito da operação Lava Jato em outubro de 2016. Menos de um ano após ter assumido, Temer e seus principais homens de confiança também eram publicamente tragados por denúncias de corrupção.

A operação Lava Jato fazia estragos por todos os lados. Em novembro de 2016, o ex-governador do Rio de Janeiro Sérgio Cabral foi preso. Em abril de 2017, o ministro relator da Lava Jato, Edson Fachin, autorizaria uma ampla investigação sobre autoridades com foro privilegiado, envolvendo oito ministros do governo Temer, três governadores, 24 senadores e 29 deputados federais. Entre eles, o auxiliar mais poderoso do presidente, o chefe da Casa Civil, Eliseu Padilha, o presidente do Senado, Renan Calheiros, e os dois últimos candidatos do PSDB à Presidência da República, Aécio Neves e José Serra.

A popularidade de Michel Temer chegava ao fundo do poço. Uma pesquisa Ibope divulgada em setembro de 2017 mostraria a seguinte avaliação do governo: 3% de ótimo e bom, e 77% de ruim e péssimo. Os efeitos da Lava Jato, portanto, já transbordavam para muito além do PT, fazendo uma verdadeira razia que desmoralizava, aos olhos da opinião pública, toda a classe política brasileira, em todas as suas vertentes.

Em 2018, o IDEIA Big Data realizou uma pesquisa nacional em que perguntava qual era o primeiro nome de político(a) corrupto(a) que vinha à cabeça? Somando 79% das respostas estavam Lula, Aécio Neves e Michel Temer. Um sinal claro de que PT, PMDB e PSDB estavam contaminados no imaginário

A ELEIÇÃO DISRUPTIVA

popular. Paulo Maluf, lembrado por 3% dos entrevistados, passava oficialmente para o tribunal de "pequenas causas" na cabeça dos eleitores.

O lulismo e a Lava Jato: os dois polos dinâmicos que sobram na política brasileira

Em *Sessenta e quatro: anatomia da crise*,[7] Wanderley Guilherme dos Santos chama a atenção para o fato de que o enfraquecimento do centro do sistema partidário, então representado fundamentalmente pelo PSD, havia sido um fator decisivo para a radicalização da competição política no país, cujo desfecho seria um processo de ruptura institucional, o golpe militar de 1964.

As eleições de 2018 também se notabilizaram pelo esvaziamento do centro político, e por uma consequente radicalização no debate político sucessório. Não queremos, em absoluto, estabelecer uma analogia entre uma e outra crise. Os fatores e o conteúdo de enfraquecimento do centro e de fortalecimentos dos polos são muito distintos. Mas deve-se registrar a reincidência desse padrão, de enfraquecimento do centro seguido de radicalização.

No caso de 2018, esse enfraquecimento se deve basicamente a fatores exógenos ao sistema político e de representação, que

---

7. SANTOS, Wanderley Guilherme dos. *Sessenta e quatro*: anatomia da crise. São Paulo: Vértice, 1986.

o golpearam "de fora para dentro": as ações da Lava Jato e a sua espetacularização na mídia em geral. Em 2018 também se observou uma ruptura, não de caráter institucional como em 1964, mas uma ruptura radical com o padrão de competição eleitoral vigente desde a década de 1990, e com os atores em função dos quais se organizava.

As eleições de 2018 consagraram uma dissociação cognitiva entre o sistema político partidário brasileiro e a formação da opinião pública. A incapacidade desse sistema partidário tradicional de compreender o potencial de vitória da candidatura Bolsonaro é reflexo de seu insulamento nos castelos de Brasília.

Desde 1994, PT e PSDB rivalizaram a disputa de narrativas sobre o país. Em todas as eleições presidenciais do período, em torno dessas duas forças se concentravam a articulação das coligações partidárias, a atenção dos eleitores e os votos. A Tabela 1 a seguir, em que somamos os votos válidos obtidos por PT e PSDB no primeiro turno das eleições presidenciais de 1994 a 2014, evidencia de maneira clara essa polarização.

Nessa série histórica, a menor votação obtida pelo PT foi em 1994, quando Lula chegou a 27%, contra 54,2% de Fernando Henrique Cardoso, vencedor em primeiro turno. O pior desempenho do PSDB foi em 2002, quando Serra alcançaria 23,1%, contra 46,4% de Lula.

Tabela 1
Relação: ano × candidatos × soma dos votos válidos
(no primeiro turno)

Ano	Candidatos	Soma dos votos válidos no primeiro turno
1994	Fernando Henrique (PSDB) / Lula (PT)	81,2%
1998	Fernando Henrique (PSDB) / Lula (PT)	84,7%
2002	Lula (PT) / José Serra (PSDB)	69,6%
2006	Lula (PT) / Alckmin (PSDB)	90,2%
2010	Dilma (PT) / Serra (PSDB)	79,5%
2014	Dilma (PT) / Aécio (PSDB)	75,0%

Fonte: Elaboração dos autores.

No primeiro turno de 2018, Bolsonaro conquistou 46% dos votos válidos; Fernando Haddad, 29,2%. Geraldo Alckmin, do PSDB, que nas eleições de 2006 havia alcançado 41,6% dos votos válidos contra Lula, obteve menos de 5% em 2018. Paradoxalmente o PSDB não conseguiu ser o maior beneficiário da crise que abatera o seu rival de três décadas.

Para entender o triunfo de Bolsonaro, não basta analisar a crise do PT. É necessário, também, considerar a seguinte questão: como o PSDB perdeu seu protagonismo como força da oposição justamente no momento de maior fragilidade de seu adversário? A crise do PSDB e de seus aliados, deslocados institucionalmente para fora da polarização, também foi um fator decisivo em todo esse enredo. O grito de "basta" que se viu nas urnas os incluía também.

Não é incomum que o abuso da "pauta ética" como método de destruição dos adversários acabe vitimando não só os alvos como os carrascos, abrindo espaços para fenômenos outsiders, demagógicos e populistas. Antes de Bolsonaro, o Brasil experimentou fenômenos parecidos com Collor (o "caçador de marajás") e Jânio Quadros ("varre, varre, vassourinha").

Essa pauta ética é como um bumerangue. Se não for usada com cuidado, volta e atinge quem atira. Com muita facilidade, gera um sentimento antissistema. Ao apostar na agenda do impeachment e da Lava Jato, o PSDB alimentou o monstro que o engoliria. A divulgação de áudios em que Aécio Neves pede dinheiro a executivos da JBS talvez tenha sido o fato mais dramático para o partido. Além disso, a adesão de primeira hora à gestão de Temer, com seus altos índices de impopularidade, empurrou o PSDB para uma posição ambígua, quando dos escândalos que minariam o governo, na qual o partido não era nem situação nem oposição.

Na prática, a queda de Dilma fez mal ao PSDB, que perdeu o ponto de referência contra o qual oferecia uma narrativa sobre o Brasil, e flertou com um mundo no qual não cabia: o "partido da Lava Jato". O PSDB abdicou do que era — um partido que tinha uma herança a defender, um opositor programático do PT, que professava um conjunto de valores, uma ideia sobre o Brasil, um modo de governar próprio — para tentar ser uma oposição de estilo udenista. Assim como o PT, foi engolido

A ELEIÇÃO DISRUPTIVA

pela Lava Jato e pela contradição flagrante entre o discurso e os fatos.

Com a desestruturação do sistema político tradicional como ponto de referência organizador da opinião política dos brasileiros e com o fim da polarização PT *versus* PSDB, emergiriam então dois novos polos dinâmicos na política do país. Definimos como polo dinâmico aquele capaz de galvanizar atenção, gerar fatos políticos e engajamento, e demonstrar consistência eleitoral: o lulismo e o que chamamos aqui de "partido da Lava Jato".

Há uma diferença qualitativa entre lulismo (tema, aliás, estudado em diferentes ângulos e de maneira mais aprofundada por vários autores) e petismo. A ideia de "petismo" nos remete ao final dos anos 1990 e à virada para o século XXI, e é historicamente associada a valores como justiça social ética na política. O próprio PT cunhou a expressão "o modo petista de governar", em que explora os êxitos de suas administrações municipais, discurso que foi fundamental em sua estratégia de comunicação.

O já referido comercial dos ratos era simbólico desses valores encarnados no "voto petista" às vésperas da eleição de Lula. O voto petista, então, tinha larga representatividade justamente nas camadas médias da população. Porém, após quase dezesseis anos de governo e inúmeras crises, a base eleitoral do PT se reconfigurara, e essa classe média, que havia sido decisiva para a vitória em 2002, tornara-se a principal base do antipetismo e do voto em Bolsonaro.

Em 2018, o PSDB foi a parte institucionalmente deslocada da polarização. Mas o PT, embora formalmente estivesse lá, dialeticamente não estava. O voto em Haddad foi expressão do lulismo, quase em estado puro, muito mais do que da força partidária petista.

O lulismo é um fenômeno de natureza própria, sentido próprio, não por acaso com outra distribuição geográfica no mapa eleitoral do Brasil, diversa da que embasou os votos dados ao PT nas eleições dos anos 2000 e 2002. André Singer, em *Os sentidos do lulismo*, afirma que o realinhamento eleitoral que assinala o seu surgimento aparece já nas eleições presidenciais de 2006, com o deslocamento das bases eleitorais mais significativas do PT para as camadas de menor renda da população, as mais beneficiadas pelo governo de Lula, e registra que esse movimento poderia representar "o marco inicial de uma fase prolongada no Brasil".[8] Ou seja, o lulismo seria um fenômeno a estar presente em um ciclo longo da política nacional. Pelo menos até as eleições de 2018, de fato o foi.

O lulismo é um fenômeno que conjuga um líder altamente popular e uma narrativa histórica estruturada sobre o país. Envolve uma gratidão que transcende o clientelismo clássico. É a gratidão pelo acesso a oportunidades. Uma identificação de classe e de propósitos: Lula é percebido como um político que "governou para os pobres". Além disso, também mobiliza o orgulho de parte da população em ver um "igual" dominar o

---

8. SINGER, André. *Os sentidos do lulismo*. São Paulo: Companhia das Letras, 2012. p. 14.

Olimpo da política. Num universo em que os partidos pouco se diferenciam e pouco significam, o lulismo é um fenômeno cheio de significados políticos e simbólicos.

Em muitos estudos qualitativos do IDEIA Big Data com eleitores de Lula de baixa renda, a questão da "gratidão" sempre esteve presente, ainda que os entrevistados admitissem que o ex-presidente cometera atos de corrupção. Frases como "ele roubou, mas fez muito por mim" ou "ele fez muito pelos pobres e roubou pouco por ser presidente" apareceram com muita frequência.

O "rouba, mas faz" de Lula era mais pessoal do que os famosos "rouba, mas faz" de Adhemar de Barros ou Paulo Maluf. Esses últimos faziam obra, ponte e monumento. Lula, como era frequentemente verbalizado nessas pesquisas, "roubou, mas fez por mim", o que significa dizer que impactou diretamente a vida pessoal de seus eleitores, especialmente com programas como Bolsa Família, Minha Casa, Minha Vida e Prouni.

Essa conjugação fazia com que o lulismo tivesse organicidade, consistência como um fenômeno político. Não era somente uma onda. E por isso, apesar de todo o desgaste do PT, apesar de estar preso, e apesar de ser considerado "culpado" por boa parte do seu próprio eleitorado, Lula conseguiu mostrar uma enorme resiliência e levar o seu candidato, Fernando Haddad, ao segundo turno das eleições presidenciais, ratificando sua grande força, principalmente no Nordeste do país, região onde os sinais das transformações sociais causadas pelo seu governo ainda são muito sentidos.

*

Mas o antipetismo mostrou-se, na campanha de 2018, uma força social muito mais mobilizada, e o "partido da Lava Jato", maior que o lulismo. Esse foi o verdadeiro embate dessa eleição, a disputa entre lulismo e o "partido da Lava Jato", que encarnava o "ser contra tudo que está aí", em substituição à antiga polarização entre PT e PSDB. Todas as outras tentativas de construção de discurso e de posicionamento na campanha de 2018 se revelaram anódinas, sem impacto, sem relevância, sem capacidade de significância ou de reter a atenção do eleitor.

Imaginem: o "diferente de tudo que está aí" representado também pelo Cabo Daciolo obteve mais votos que Marina Silva (três vezes candidata), Alvaro Dias (ex-governador e senador), Guilherme Boulos e Henrique Meirelles (que contava com grande tempo na TV e uma equipe profissional e altamente qualificada de marketing). Sinal exato do que foi essa eleição.

O "partido da Lava Jato" mostrou-se uma enorme onda social, que pressionava de fora para dentro o sistema político, representando uma população que se sentia desprotegida nas ruas, negligenciada pelos serviços essenciais do Estado e bombardeada todos os dias por denúncias de corrupção contra políticos proeminentes de todos os naipes partidários. Esse "partido" não só elegeu Bolsonaro, mas protagonizou uma onda de renovação sem precedentes no Congresso em nossa história recente, relegando à condição de partidos médios as grandes estruturas partidárias herdeiras da Nova República, como MDB, PSDB e DEM.

A espetacularização das denúncias em horário nobre — a Lava Jato passara a ser contada como enredo de novela no *Jornal*

A ELEIÇÃO DISRUPTIVA

Nacional da TV Globo, cada dia um capítulo — e o clima de frenesi antipolítico decorrente vitimaram não só o PT, mas todo o sistema político. O candidato do "partido da Lava Jato" muito dificilmente sairia de uma das siglas partidárias tradicionais de oposição ao PT. Jair Bolsonaro soube se posicionar para ser esse postulante. Apresentou-se como um inimigo visceral do PT e como um político "diferente de tudo o que está aí", e sustentou um discurso politicamente incorreto e de enfrentamento contra a "bandidagem", além de uma defesa conservadora dos valores da família cristã. Em uma entrevista ao jornal *Folha de S.Paulo*, em março de 2018, Nizan Guanaes definiu Bolsonaro como "o candidato Dorflex", a "solução para a dor" do eleitor.

Uma população indignada com a política e assustada com a violência não buscava um "gestor" da "velha política", e as duas alternativas eleitorais ancoradas na experiência — Geraldo Alckmin e Ciro Gomes — não decolaram. Os eleitores desejavam um nome que representasse o novo, uma ruptura; alguém que, nas palavras de um eleitor de Bolsonaro, em estudo qualitativo do IDEIA Big Data, fosse "sentar a borracha nesses vagabundos aí". Sua vitória não foi a afirmação de um projeto, de uma biografia, ou de um conjunto de propostas. Mas uma reação em cadeia, a explosão de uma energia quase atômica. A propulsão foram os eleitores indignados.

2.

O apito de cachorro: como o discurso de Bolsonaro engajou seus eleitores

A previsão, compartilhada por muitos, de que a candidatura de Bolsonaro se desidrataria na hora da verdade, quando se iniciasse de fato a campanha eleitoral, baseava-se em alguns pressupostos. Um deles, de que teria pouco tempo de TV para fazer frente a outros candidatos do campo não petista e para defender-se da exposição em larga escala que haveria de suas declarações polêmicas. Outro, de que não teria um bom desempenho e demonstraria despreparo em entrevistas e debates. Enfim, com os eleitores "conhecendo de verdade Bolsonaro", seus índices de intenção de voto nas pesquisas diminuiriam, sua rejeição aumentaria e sua vitória seria inviabilizada.

Ainda antes do início da campanha na TV, o desempenho de Bolsonaro em algumas entrevistas — uma das mais marcantes talvez tenha sido aquela para a bancada da GloboNews, em 3 de agosto de 2018 — reforçou em muitos a certeza dessa previsão.

A de que, com o andar da campanha, ele demonstraria inconsistência e as pessoas não reconheceriam nele as credenciais e o preparo para ser um presidente da República, especialmente em tempos de crise econômica e de desemprego.

Essa previsão, que, com o tempo, se mostrou errada, era mais um sintoma da dissociação cognitiva — mencionada anteriormente neste livro — de grande parte das nossas elites políticas e dos chamados "formadores de opinião" em relação ao estado da opinião pública.

A grande questão é que houve, nos últimos anos, uma mudança no estatuto de relevância dos diferentes *issues* ou temas que realmente importam para os eleitores. Muitos analistas e lideranças políticas atribuíam peso a *issues* que não tinham, em 2018, o mesmo apelo se comparado ao de eleições passadas.

Talvez o assunto mais emblemático dessa dissociação cognitiva seja a relação entre Bolsonaro e Paulo Guedes. As reiteradas declarações do candidato de que "não entendia de economia" e de que perguntas sobre esse tema deveriam ser dirigidas ao seu assessor econômico foram muito exploradas na GloboNews e em outras entrevistas. Os jornalistas derivavam dessas afirmações uma conclusão repetida várias vezes: a de que Bolsonaro se tornaria refém de seu futuro ministro e jamais poderia demiti-lo.

Na entrevista à GloboNews, a aposta em achar um "calcanhar de aquiles" focou-se na economia. Quando foram exploradas contradições de visão entre Guedes e Bolsonaro sobre graus de intervencionismo econômico, o candidato respondeu: "É como um casamento, vai ter que chegar num acordo." Perguntado sobre quais impostos iria reduzir, disse: "Poxa (...) se você me perguntar sobre procedimentos médicos, eu não vou saber responder porque não sou médico." Quando a bancada tentou emparedá-lo alegando que seria muito confortável prometer diminuir impostos e não dizer quais, Bolsonaro saiu pela tangente: "Eu estou entendendo a pegadinha... Eu não vou entrar nesse jogo." Sobre a política de reposição do salário mínimo, outra evasiva: "Tem um critério que está em vigor, e pode ter outra proposta." E assim se sucederiam suas respostas sobre vários temas, como relação comercial com a China, reforma da previdência, subsídio para o preço do Diesel etc.

Outro tema, recorrente na entrevista à GloboNews, na sabatina do *Jornal Nacional* e também nos debates do primeiro turno em que Bolsonaro esteve presente, foi sua associação ao "novo". Bolsonaro foi confrontado com os fatos de que já acumulava sete mandatos consecutivos no Congresso e que, nesse tempo, sua produtividade legislativa havia sido baixíssima, de que passara por nove partidos diferentes, inclusive alguns envolvidos em graves escândalos de corrupção, de que três de seus filhos também eram parlamentares, configurando uma situação tradicional de *familismo* político, e com a denúncia de que recebera auxílio-moradia em Brasília apesar de ter imóvel próprio na cidade. Esse era o enredo para mostrar que Bolsonaro, ao contrário de ser associado à novidade, era a expressão da política tradicional tentando travestir-se de novo. E as respostas aparentemente evasivas ajudavam a alimentar a hipótese de que seus índices de intenção de votos iriam mesmo desidratar.

Na verdade, as falas de Bolsonaro eram como um "apito de cachorro". A política tradicional e parte da mídia nada ouviam de consistente. Mas os seus potenciais eleitores, na vida real, escutavam e reagiam com engajamento. Bolsonaro falava em outra frequência. A simplicidade, os erros de conjugação e a articulação aparentemente tosca das falas construíam diques de proteção onde mais interessava: nos ouvidos dos eleitores. O elemento autenticidade se impunha.

Sobre não entender de economia, ele disse na GloboNews: "Eu falei que não entendo por questão de humildade. Perto de Paulo Guedes eu não entendo nada (...) eu dirijo, mas, perto do Nelson Piquet, sou um navalha." Sobre o seu tempo na política, transformou uma suposta fragilidade, a inexperiência, em virtude. "Nunca fui ministro, nunca fui secretário de Estado (...) por isso sou o novo." A respeito de haver integrado partidos que tinham contra si denúncias de corrupção, Bolsonaro reagiu de modo simples: "O ministro [Joaquim] Barbosa na ação (...) do Mensalão disse que eu fui o único parlamentar da base aliada que não me corrompi." Mais: "O [Alberto] Youssef disse que fui um dos poucos que nunca peguei (sic) dinheiro com ele." E concluía: "Não é por estar no meio de laranjas podres que eu me contaminei." Assim, oferecendo teoremas simples,

A ELEIÇÃO DISRUPTIVA

Bolsonaro se afirmava como o "novo" num ambiente em que o eleitor exigia mudanças.

Por trás de movimentos erráticos que aparentavam um zigue-zague discursivo e da distração diversionista que as frases mais explosivas ou estapafúrdias geravam junto ao sistema político e aos formadores de opinião, a campanha de Jair Bolsonaro, como qualquer campanha tradicional, tinha um discurso central, um posicionamento definido, um motivador fundamental com o qual buscava o voto, e soube manter o foco nessa mensagem.

O minuto final da entrevista ao *Jornal Nacional*, em 28 de agosto de 2018, mostrou a clareza do norte discursivo da campanha: "Nos últimos vinte anos, dois partidos mergulharam o Brasil na mais profunda crise ética, moral e econômica. Vamos juntos mudar esse ciclo, mas, para tanto, precisamos eleger um presidente da República honesto, que tenha Deus no coração, patriota, que respeite a família, que trate com consideração as crianças em sala de aula, que jogue pesado no tocante à insegurança no nosso Brasil, una o nosso povo: brancos e negros; nordestinos e sulistas; ricos e pobres; homens e mulheres, para buscarmos o bem comum. Nós no Brasil temos tudo para sermos uma grande nação, só falta essa união entre nós, e que o presidente indique seus ministros sem indicação política."

Há um contraste interessante no discurso de Bolsonaro. Nas suas "pontas", se podemos dizer assim, é conflitivo e polêmico.

Defesa da ditadura militar e do acesso da população a armas de fogo e crítica à agenda comportamental, como a da diversidade sexual, do direito das mulheres e das políticas de discriminação racial positiva são exemplos dessa posição de conflito que tomou grande parte do tempo dos adversários e da mídia. Mas o centro de seu discurso sempre foi outro — o de combate à corrupção da política tradicional e de priorização da segurança pública — e possui ampla área de consenso no eleitorado brasileiro, dialogando inclusive com eleitores do próprio ex-presidente Lula. Os adversários de Bolsonaro jamais descobriram como enfrentá-lo com eficiência nesse terreno.

A campanha de Jair Bolsonaro não se preocupou em apresentar um projeto de país, mas em se expressar de maneira a refletir o que as pessoas sentiam. Em épocas de crise, o ódio também fala ao coração. O ódio contra a política tradicional, contra a corrupção, contra a violência, contra as ameaças aos valores da família cristã, contra o "socialismo" em todas as suas variantes (incluídos Fernando Henrique Cardoso e o PSDB), contra o PT.

O discurso político da modernidade é racionalista e totalizante. "Um futuro melhor começa agora", slogan que chegou a frequentar peças da campanha de Geraldo Alckmin, tem pretensão totalizante. "O Brasil feliz de novo", de Fernando Haddad, idem. "Muda Brasil de verdade", porém, o slogan de Bolsonaro, continha exclusivamente uma mensagem de ruptura. Seu discurso se situa na pós-modernidade e nos remete ao conceito definido por Michel Maffesoli como tribal. É particularizante. Mira sentimentos numa escala muito mais próxima das pessoas

A ELEIÇÃO DISRUPTIVA

e se articula como resposta a vários temores diferentes que mobilizam intensamente várias "tribos" diferentes.

Votando em Bolsonaro, você daria "o troco nos políticos"; veria jogo pesado contra a bandidagem que ameaçava a sua família; e teria a inocência de seus filhos protegida na sala de aula. Bolsonaro falou para várias tribos diferentes, que se fundiam num cimento social, o imaginário da antipolítica.

Para um esforço compreensivo do ambiente em que o discurso de Bolsonaro fincou raízes para conquistar quase metade dos votos válidos no primeiro turno, é interessante reler o quarto capítulo de *Era dos extremos*, em que o historiador inglês Eric Hobsbawm analisa as condições de emergência do fascismo e do que define como uma "direita revolucionária" na Europa antes da Segunda Guerra Mundial.

> As pessoas de classe média escolhiam sua política de acordo com os seus temores (...). As condições ideais para o triunfo da ultradireita alucinada eram um Estado velho, com seus mecanismos dirigentes não mais funcionando, uma massa de cidadãos desencantados, desorientados e descontentes, não mais sabendo a quem ser leais.[9]

O discurso fascista era essencialmente mobilizador, demonizador dos adversários, e afirmativo do primado da ação sobre a razão.

---

9. HOBSBAWM, Eric J. *Era dos extremos*: o breve século XX: 1914-1991. São Paulo: Companhia das Letras, 1995. p. 130.

O discurso *trash* de Bolsonaro, que flertava com o tosco, agressivo, mobilizador, demonizador do adversário, encontrou nas plataformas digitais território comunicacional amplamente dominado pela sua campanha, um ambiente muito propício para fluir, como se verifica em alguns tweets do candidato:

- "A escolha é dos senhores: ser governado por alguém ficha limpa ou pau-mandado de preso por corrupção." (08/10/2018)
- "Vamos pegar pesado contra a violência." (09/10/2018)
- "Prefiro uma cadeia lotada de criminosos que um cemitério lotado de inocentes. Se faltar espaço a gente constrói mais." (09/10/2018)
- "Calma que tua hora vai chegar, marmita de corrupto preso." (Em resposta a Haddad; 10/10/2018)
- "Imprensa Lixo." (11/10/2018)
- "Em situações como a de Manaus, onde quatro bandidos foram abatidos, (...) policiais devem ser condecorados e homenageados." (10/10/2018)
- "Senhor Andrade, quem conversa com poste é bêbado. Existe um que está preso e você vai toda a semana visitá-lo intimamente além de receber ordens." (Dirigindo se a Haddad; 16/10/2018)
- "Represento uma ameaça sim aos corruptos, à bandidagem, aos estupradores, aos esquemas que assaltam o BNDES, aos assassinos e aos que querem destruir o Brasil. Por isso estão desesperados. NÃO TERÃO SOSSEGO EM MEU GOVERNO!" (24/10/2018)

A ELEIÇÃO DISRUPTIVA

Retomando a questão das vulnerabilidades da candidatura Bolsonaro, o fato é que a crítica a sua "falta de preparo" para tomar decisões sobre economia demonstrou ter quase nenhuma eficácia como estratégia de desestruturação de sua imagem ou de diminuição dos seus índices de intenção de voto.

Os eleitores não estavam procurando um "gestor", alguém testado e preparado para "dar conta" do país. Tanto que os dois discursos ancorados na "experiência", o de Geraldo Alckmin, pela centro-direita, e o de Ciro Gomes, pela centro-esquerda, não conseguiram ter o impacto mobilizador de preferências que muitos analistas esperavam. Os eleitores queriam "dar o troco" nos políticos e encontraram em Bolsonaro o líder que significava essa ruptura, que personalizava isso.

Tal sentimento foi expresso com clareza por eleitores das classes C, D e E, de vários estados do país, ouvidos pelo IDEIA Big Data antes e depois do processo eleitoral.[10] A seguir, alguns exemplos representativos dessas verbalizações:

- "Eu olho com desprezo. Já é de praxe um político vir, prometer e depois sumir." (Eleitora de Minas Gerais, classe C, 32 anos)
- "Dia de campanha devia ser 1º de abril, o dia da mentira." (Eleitor do Rio de Janeiro, classe D, 35 anos)

---

10. Os eleitores foram ouvidos em núcleos qualitativos sob uso da técnica tradicional de grupos focais (nos quais de oito a dez indivíduos são convidados a passar algumas horas discutindo política em um ambiente controlado) e por meio de pesquisas de antropologia digital (em que pessoas são convidadas a gravar um vídeo no celular para compartilhar opiniões sobre diversos temas, incluindo política).

- "É um verdadeiro baile de máscaras." (Eleitor de São Paulo, classe D, 38 anos)
- "A política é suja. Não deveria nem existir." (Eleitora de Pernambuco, classe C, 45 anos)
- "Bando de safados e sem-vergonhas." (Eleitor de Goiás, classe D, 41 anos)
- "Esse ano eu vou dar o troco neles. Vou anular tudo os meus votos, menos o de presidente. É Bolsonaro na cabeça." (Eleitor de Minas Gerais, classe C, 28 anos)
- "Vamos ver se as coisas vão mudar agora, com o presidente Bolsonaro." (Eleitora da Bahia, classe E, 23 anos)

Para esses eleitores indignados, o predicado de "representar o novo" significava um valor em si mesmo. As pessoas reconheciam Bolsonaro como uma incógnita, mas era melhor isso do que votar em um candidato que representasse "o que está aí", algo já conhecido e amplamente reprovado.

Era mais ou menos como a fórmula de Tiririca: "Pior que tá não fica." As pessoas topavam votar no "novo pelo novo", fundamentalmente porque isso equivalia a votar contra a política e os políticos do modo como se apresentavam. Bolsonaro encarnava o "novo", apesar de estar há muito tempo na política.

- "Eu não votaria no Bolsonaro por causa da proposta, mas pra não passar o bastão para os caciques." (Eleitora do Rio de Janeiro, classe C, 29 anos)
- "Um ideal novo." (Eleitor do Amazonas, classe D, 44 anos)

- "Eu gosto das ideias dele. Do jeito que está não tá acontecendo nada." (Eleitor de Minas Gerais, classe B, 51 anos)
- "O igual a gente já tem. Agora tem que fazer diferente." (Eleitora do Paraná, classe B, 43 anos)
- "Os outros o que tinham que fazer já fizeram." (Eleitor de São Paulo, classe C, 33 anos)

O fato de Bolsonaro ter passado por vários partidos, entre os quais muitos envolvidos na própria Lava Jato, ou de haver acumulado sete mandatos parlamentares, ao contrário de o fragilizar, pode ter fortalecido sua imagem. O raciocínio dos eleitores estava num outro plano, muito mais simples, muito mais elementar. Todos os partidos estavam, indistintamente, rotulados como "corruptos", e o fato de Bolsonaro ter convivido nesse ambiente saturado de escândalos por tanto tempo, sem ter qualquer processo contra si, era percebido como prova incontestável de honestidade. O fato de nunca ter exercido cargo no poder Executivo ajudou também.

O "novo" de Bolsonaro não tinha a ver com o tempo. O eleitor enxergava nele o "novo" porque não tinha "nada contra ele"; um político que não tinha "rabo preso". Essa agenda estabelecia uma linha de corte que o diferenciava não só do PT, mas de "todos os outros":

- "Os outros só sabem é roubar." (Eleitor do Rio de Janeiro, classe C, 29 anos)
- "Competência, dignidade, caráter." (Eleitor do Distrito Federal, classe C, 37 anos)

- "Não é investigado." (Eleitora de São Paulo, classe C, 26 anos)
- "Não é corrupto." (Eleitor de Minas Gerais, classe D, 31 anos)
- "Não esteve envolvido em escândalos de empreiteiras e no Petrolão." (Eleitor do Rio Grande do Sul, classe C, 35 anos)

No caso de Bolsonaro, o fato de não haver denúncia contra ele, sobretudo num ambiente em que todo o sistema político estava maculado por denúncias, acabaria constituindo um diferencial de imagem de grande valor. A máxima de que "ser honesto não é mais que obrigação" perdera totalmente o sentido na política brasileira contemporânea.

Num ambiente em que os cidadãos são bombardeados todas as noites pela notícia de escândalos nos telejornais, e envolvendo políticos de todas as colorações ideológicas, o fato de Bolsonaro não ter o nome relacionado a nenhum deles acabaria adquirindo um valor inestimável na definição do voto, mais forte que qualquer outro raciocínio sobre seu preparo ou seus planos para o país. O mantra "não estou na Lava Jato" ganhara musculatura fortíssima.

As declarações ácidas e fortes do candidato pareciam cumprir uma função paradoxal em sua estratégia. Por um lado, reforçavam a fidelização e a mobilização de sua militância mais fervorosa. Por outro, potencializavam sua rejeição e cris-

A ELEIÇÃO DISRUPTIVA

talizavam, em parte do eleitorado, uma absoluta indisposição de ouvi-lo:

- "Homem despreparado, ignorante, um cavalo, nunca mesmo." (Eleitora de São Paulo, classe C, 27 anos)
- "Muito machista e homofóbico." (Eleitora do Paraná, classe B, 29 anos)
- "Preconceituoso, racista, não respeita as mulheres." (Eleitora de Pernambuco, classe C, 44 anos)
- "Ele leva o ódio." (Eleitor do Rio de Janeiro, classe D, 34 anos)
- "Eu acho ele idiota, acho tudo que ele fala idiota. Ele não tem respeito pelos direitos humanos (...). É uma pessoa que eu abomino e que jamais daria meu voto nem trocaria uma palavra." (Eleitora do Maranhão, classe D, 29 anos)

Como podemos observar, os eleitores percebiam Bolsonaro como um líder preconceituoso, machista e homofóbico. Fato é, porém, que uma parte do nosso eleitorado também é assim, e nunca se saberá ao certo qual o seu tamanho porque poucos se assumiriam como tal. E, para outra parte, a relevância desse tema era menor que a necessidade de "punir os corruptos", "punir o PT" e "combater a bandidagem".

Numa época de descrença, a contundência de suas declarações gerava engajamento e mobilização. Bolsonaro nunca apostou em uma estratégia de "buscar o centro", mas numa de polarização, que provocaria ódio e adesão intensos. Ele não venceu as eleições apesar de suas declarações polêmicas, mas também por causa delas.

Essas declarações ácidas deixavam o personagem em evidência. Em grupos qualitativos realizados pelo IDEIA Big Data, ainda no início de 2018, ficava claro que somente dois personagens habitavam com força a cabeça do eleitor: Lula e Bolsonaro. E esse status que o candidato do PSL adquirira se devia em grande medida a essa radicalização em sua fala. Gerava rejeições, mas também audiência, mobilização, engajamento. Fazia o discurso de Bolsonaro saltar e ganhar relevância num universo partidário gelatinoso e de poucos contrastes.

Nunca se sabe o quanto o comportamento de um líder político é estrategicamente calculado, intuitivo ou simplesmente espontâneo e natural. Seja como for, a linguagem de Bolsonaro e seu caráter aparentemente histriônico também serviam para construir, num plano subjetivo para os eleitores, a imagem de um político autêntico, que "não tem papas na língua" e que "fala a verdade". Ou seja, um verdadeiro "mito" quando comparado a seus pares políticos, corruptos e mentirosos.

Fortalecia-se, dessa forma, o valor da transparência na construção de sua imagem. Essa leitura levaria parte dos eleitores a relevar, a formar um juízo mais complacente sobre o caráter polêmico das declarações de Bolsonaro.

Se o discurso político era associado à mentira e à manipulação da verdade, a fala de Bolsonaro se destacava justamente pela crueza, por ir "direto ao ponto":

A ELEIÇÃO DISRUPTIVA

- "Eu acho que ele tem muitas boas intenções, é muito polêmico, e muita gente não gosta desse lado dele, porque ele fala a coisa na lata, não mede muito as palavras." (Eleitor de São Paulo, classe B, 35 anos)
- "Fala as loucuras dele, mas fala o que o povo quer ouvir." (Eleitora de Pernambuco, classe D, 45 anos)
- "Ele tem coragem de falar." (Eleitor do Rio de Janeiro, classe D, 32 anos)
- "Com ele não tem blá-blá-blá." (Eleitor de Santa Catarina, classe B, 36 anos)

Numa campanha eleitoral, posicionamento e imagem são os pilares essenciais de uma estratégia bem-sucedida. Jair Bolsonaro estava perfeitamente posicionado como o novo, a mudança, "contra o PT e tudo que está aí".

E a questão da imagem, na batalha de 2018, centrava-se muito mais nos valores que o candidato representava do que na sua história. Dono do maior tempo de TV, Geraldo Alckmin tentava mostrar sua bagagem para se encaixar como um gestor em período de crise, circunstância que exigia competência e pacificação do país.

Henrique Meirelles, dono do segundo maior tempo de TV, desdobrava sua folha de serviços prestados a vários presidentes, de várias cores partidárias, e se apresentava como o único capaz de "gerar 10 milhões de empregos". A equação de Bolsonaro, por sua vez, era simples. Em contraste com a desonestidade e a falsidade da política tradicional, construiu a persona de um candidato honesto, franco nas suas limitações, verdadeiro sobre o que pensava e sobre o que faria.

E, no terreno das promessas, o discurso sobre segurança pública fora a entrega fundamental para a fidelização de seu voto. Outros compromissos, como diminuir o número de ministérios ou escolher ministros pela competência e não pelo "toma lá, dá cá", foram acessórios diante da importância que o tema da segurança ganhara como o grande eixo programático de seu discurso.

Num ambiente social em que a questão da segurança pública adquirira relevância talvez sem precedentes na percepção dos eleitores, como o grande problema nacional, a abordagem de Bolsonaro sobre o assunto teria grande impacto entre os eleitores.

Note-se que não se trata da adesão a um "plano" ou da valorização da "experiência" de Bolsonaro para cuidar dessa agenda. Mas de uma resposta aderente dos eleitores à relevância que ele dá ao tema, à atitude de enfrentamento que corporifica, inclusive no gestual da "arma", que se tornaria um dos símbolos de sua campanha, à clareza e à contundência com que assume um lado nesse discurso e como sinaliza o combate sem tréguas ao que chamava de "bandidagem", até o limite de sua exclusão do pacto social, de seu banimento do Estado de direito.

- "Esse aí [Bolsonaro] dá pancada com a bala." (Eleitor do Rio de Janeiro, classe C, 29 anos)

A ELEIÇÃO DISRUPTIVA

- "Pra ele, se tem que matar, mata. Por isso o povo está atrás dele. Ele é escrachado no que pensa." (Eleitor de Pernambuco, classe D, 39 anos)
- "Jair Bolsonaro vai descer a borracha nesses vagabundos aí." (Eleitor de Minas Gerais, classe B, 28 anos)
- "Quem de fato quer segurança e não quer que a polícia se imponha não quer mudança nenhuma, quer a mesmice." (Eleitor do DF, classe B, 41 anos)
- "Ele [Bolsonaro] é o único que pode combater essa roubalheira nas ruas, esses bandidos armados, essa cachorrada que tá acontecendo." (Eleitor de São Paulo, classe C, 30 anos)

A energia, a belicosidade na fala de Bolsonaro, afrontando constante e deliberadamente o politicamente correto, também o ajudou a dominar essa agenda. O tom aguerrido era percebido como firmeza, determinação, energia para o combate ao crime. Suas bandeiras eram cortantes: diminuição da maioridade penal, ampliação do direito civil ao porte de armas, pena de castração química para os estupradores e mais garantias legais de proteção aos policiais em ação de combate, entre outras.

Num certo sentido, o impactante comercial de Alckmin, no início do primeiro turno, inspirado no filme inglês *Kill the Guns*, em que uma bala atravessa livros, uma bolsa de sangue e frutas, até ficar congelada a centímetros da têmpora de uma criança, pode ter ajudado Bolsonaro. Terminava com "não é na bala que se resolve", mas grande parte dos eleitores do então deputado achava que sim, que "bandido se enfrenta na bala". O movimento do candidato do PSDB pode ter tido efeito reverso e diminuído as suas chances de disputar votos que estavam com o representante do PSL.

Tempos de crise e de aparente anomia muitas vezes provocam "saltos para trás" na sociedade. Conceitos antigos e abandonados readquirem a roupagem do novo e voltam a ser "defensáveis". Na Europa, há vários exemplos desse fenômeno. A ascensão de movimentos de radicais de extrema direita mostra que o que era socialmente "indizível", como a defesa do nazismo e do fascismo, pode se tornar "dizível" e encontrar espaço de legitimidade pública para sua defesa.

Os acontecimentos no Brasil geravam uma impressão anômica, de "bagunça generalizada": "Há algum tempo a gente começou a entender o errado como o certo. Tem muitas coisas erradas no Brasil que viraram certas" (Eleitor do Rio de Janeiro, classe C, 38 anos).

Nesses momentos de anomia, os preconceitos, os valores tradicionais e os núcleos mais primários de sociabilidade — como a religião e a família, arduamente defendidos e valorizados por Bolsonaro em seus discursos e gestos — se tornam espaços importantes, em que grupos sociais preservam um pouco de sua organicidade e de suas referências para oferecer defesa contra a percepção de desagregação do ambiente exterior.

A "doutrina", se é que podemos chamar assim, que se apresentara no discurso bolsonarista se beneficiou desse ambiente anômico em que o Brasil estava. Ao recolher e articular medos

A ELEIÇÃO DISRUPTIVA

e preconceitos de várias espécies, que estavam órfãos e reprimidos, num único discurso, recolocou-os na cena pública e ofereceu um caminho para enfrentar os fantasmas.

Um dos aspectos desse discurso é legitimar novamente a presença dos militares na política. Bolsonaro foi um deputado federal. Eleito. Portanto, um civil. E, em 2018, lutou pela Presidência por meio do voto popular. Sempre, porém, tomou uma posição de linguagem não de "político", mas de militar. É comum encontrarmos a expressão "nós, militares" em suas entrevistas. Ele nunca se furtou de defender o regime militar de 1964 e de anunciar que, em seu governo, nomearia vários ministros militares.

Aos poucos, para uma parcela significativa de seus eleitores, o regime militar passaria de "socialmente indefensável" para "defensável dependendo das circunstâncias", relegitimado pelo novo momento do país e ressignificado pelo fato de que tínhamos um candidato "militar" disputando o governo por meio do voto: "Por isso eu defendo a causa do Bolsonaro. É um militar que, se pegar a Presidência, com uma democracia, vai inserir o estilo militar de uma ditadura, entre aspas, no estilo de democracia do país. Vai permanecer a liberdade, mas com ordem e princípios" (Eleitor do Distrito Federal, classe B, 35 anos).

Essa frase, verbalizada num grupo focal coordenado pela IDEIA Big Data, ilustra tal ressignificação. Para uma parcela dos eleitores, a volta dos militares pela "via democrática" aparece como uma "pomada Minâncora", uma solução mágica que colocaria ordem na casa sem sacrificar a liberdade. Uma espécie de "governo militar politicamente correto". Um eleitor de mesmo perfil, em São Paulo, disse: "O Brasil é um moleque que, nesse momento, precisa de umas palmadas."

Mas é no expressivo segmento do eleitorado evangélico que todo esse conjunto produzirá o resultado talvez de maior impacto eleitoral a favor de Bolsonaro, e contra Haddad. Estima-se que os evangélicos atualmente representem em torno de 30% a 35% do eleitorado brasileiro. Segundo a análise de Antonio Lavareda, em *Emoções ocultas e estratégias eleitorais*, o "apoio das autoridades religiosas como fator determinante da escolha política distingue os eleitores evangélicos, diferenciando-os dos fiéis de todas as outras religiões".[11] Essa é a crença na qual se observa a maior organicidade na formação de um voto por afinidade religiosa.

Nesse segmento do eleitorado, de tendência bastante conservadora no campo comportamental, calaram fundo as ameaças aos "valores da família cristã tradicional" representadas em temas como o do aborto e na discussão sobre sexualidade e gênero nas escolas: "Eu vou votar nele. Eu acho legal ele fazer colégios militares. Sobre esse negócio de ideologia de gênero, ele é contra e eu também. Vou botar meu filho de 6, 7 anos pra fazer sexo?" (Eleitor do Rio de Janeiro, classe C, 43 anos).

No plano discursivo, Bolsonaro se dedicava à defesa da família tradicional cristã e à "proteção da inocência das nossas

---

11. LAVAREDA, Antonio. *Emoções ocultas e estratégias eleitorais*. Rio de Janeiro: Objetiva, 2009. p. 98.

A ELEIÇÃO DISRUPTIVA

crianças", o que ajudava os eleitores a sublimar suas frases de conteúdo machista, homofóbico e racista. No plano operacional de campanha, a batalha no WhatsApp (que será analisada em outro capítulo) teve papel de grande protagonismo para cristalizar, em grande parte desse público, a rejeição ao candidato do PT.

Um estudo de antropologia digital, via aplicativo de celular, realizado, após a eleição, pelo IDEIA Big Data, especificamente entre os eleitores evangélicos (de classe C e entre 25 e 45 anos), mostra como essa agenda pesa sobre as expectativas desse grupo em relação ao futuro governo de Jair Bolsonaro:

- "Que ele preze e olhe pelos anseios da família tradicional e não permita a aprovação de leis que sejam contra a moral e os valores cristãos." (Eleitor evangélico, Porto Alegre, classe C, 28 anos)
- "O PT defende legalizar o aborto e a venda de drogas. Espero que o Bolsonaro, sendo eleito, não deixe mais que a opinião da minoria se sobreponha à da maioria." (Eleitora evangélica, Manaus, classe C, 44 anos)
- "O Brasil está muito liberal. Que ele possa nos ajudar a controlar essa liberalidade." (Eleitor evangélico, Rio de Janeiro, classe C, 29 anos)
- "Espero que no governo dele acabe com essa história de ideologia de gênero nas escolas, para os nossos filhos não terem que aprender que ser menino ou menina é uma escolha." (Eleitora evangélica, São Paulo, classe C, 33 anos)

- "O 'kit gay' não é correto, ainda mais para crianças de 5, 6 anos. Há muita sexualidade nas escolas hoje, e a inocência das crianças deve ser preservada." (Eleitora evangélica, Brasília, classe C, 34 anos)
- "Os alunos já estudam as questões corporais e sexuais nas aulas de biologia. É o suficiente. Que a pessoa decida sobre a sexualidade dela quando for adulta." (Eleitora evangélica, Recife, classe C, 39 anos)

Esses são temas totêmicos, e a campanha de Bolsonaro os alinhou dentro de uma narrativa de "endireitar o Brasil" — frase que pode ser entendida de duas formas, tanto ideológica quanto moral, no sentido de recolocar o "certo e o errado" nos seus devidos lugares — e de enfrentamento ao PT e ao seu candidato.

Bolsonaro ocupou um espaço conservador que é expressivo no Brasil e que esteve órfão de uma liderança na política nacional no curso de toda a era de polarização PT × PSDB. Encaixou Deus no centro de sua mensagem ("Brasil acima de tudo, Deus acima de todos"), trouxe a defesa da família para dentro de seu programa e criou os demônios para mobilizar o medo de seus "fiéis": o "kit gay", a "ideologia de gênero", o "gayzismo militante" e as "feministas defensoras do aborto".

Assim, se fechava contra o PT uma narrativa que articulava vários medos e argumentos de rejeição, como se houvesse um plano lógico entre os mesmos: "esquerdistas/comunistas corruptos que se locupletaram do dinheiro público e quebraram o Brasil, e que querem transformar o Brasil numa Venezuela e acabar com a família tradicional, além de perverter as nossas crianças".

A ELEIÇÃO DISRUPTIVA

Nesse universo de antissentimentos, muitos eleitores, de diversos perfis, sejam de menor escolaridade, sejam sofisticados intelectuais, puderam encontrar alguma justificativa para, no segundo turno, votar "contra o PT" e anestesiar tudo o que de condenável Bolsonaro verbalizava: os preconceitos, o viés autoritário, a defesa aberta da tortura e a apologia à violência.

3.

Os dois polos dinâmicos e a batalha de rejeição

A evolução dos números já
apontava a equação eleitoral

Um famoso professor norte-americano de economia, Aaron Levenstein, uma vez cunhou que "Statistics are like a bikini. What they reveal is suggestive, but what they conceal is vital". Em tradução livre: "Estatística é como um biquíni. O que mostra é sugestivo, mas o que esconde é essencial." É com essa premissa que este capítulo se propõe a entender as variâncias e variações das pesquisas que antecederam a eleição de 2018, tentando captar tanto o sugestivo quanto o essencial.

Uma análise do que aconteceu durante a corrida eleitoral de 2018 e do significado da movimentação nas intenções de voto de cada candidato é uma tarefa muito complexa, que exige cuidado nas hipóteses explicativas. Essa eleição foi cercada de muitos elementos atípicos. Aliás, o atípico foi a constante.

Diferentemente de outros pleitos, não se tratou de uma eleição na qual a análise do conteúdo do debate eleitoral e das questões que teriam ou não sido relevantes para seu destino pudesse ser feita exclusivamente olhando a TV, as sabatinas e os debates presidenciais. O candidato vencedor mal tinha tempo de propaganda na televisão e não esteve em todos os debates ao longo do primeiro turno (participou apenas dos da Band e da RedeTV), tampouco se expôs a entrevistas como os demais. As ondas das redes sociais, principalmente via WhatsApp, tiveram um impacto fundamental no pleito, e é muito difícil mensurá-las.

A prisão de Lula e a decisão do PT de, mesmo nessa condição, manter a sua candidatura até a primeira semana de programas no horário eleitoral gratuito foram circunstâncias sem precedente na história política brasileira. Para completar, houve o atentado contra Jair Bolsonaro no dia 6 de setembro. Nem um enredo de cinema poderia produzir essa combinação de episódios.

A configuração estrutural da competição também era altamente atípica. Como já afirmamos neste trabalho, o curso da conjuntura política no Brasil, desde a reeleição de Dilma até 2018, fez com que a polarização tradicional da política brasileira nos vinte anos precedentes, entre PT e PSDB, fosse substituída por uma nova conformação, em que os únicos polos dinâmicos restantes foram o lulismo e o que chamamos aqui de "partido da Lava Jato".

Dessa forma, os candidatos mais fortes não eram "expressões deles mesmos", mas depositários de sentimentos externos muito maiores. Fernando Haddad era o do lulismo; Bolsonaro, o candidato que os eleitores do "partido da Lava Jato" (antissistema político) encontraram.

Num cenário assim, complexo, todas as hipóteses ficam abertas, todas provisórias, sujeitas ao debate e ao julgamento da história. Tentar enquadrar a eleição de 2018 em uma única conjectura explicativa determinante, como a facada contra Bolsonaro, seria o mesmo que violentar a realidade para adaptá-la a uma teoria. Ao contrário, é preciso ter uma atitude analítica mais aberta e sociologicamente mais compreensiva ante os fatos que se sucederam.

A avaliação da intenção de voto espontânea, desde o período anterior ao início da campanha, é muito importante para construir pressupostos sobre essa eleição e para compreender que as condições estruturais que apontavam para a vitória de Bolsonaro estavam dadas bem antes daquele 6 de setembro.

Tabela 2
Intenção de voto espontânea

	Jair Bolsonaro	Lula	Fernando Haddad	Ciro Gomes	Geraldo Alckmin	João Amoêdo	Alvaro Dias	Marina Silva	Outros	Branco/ Nulo	Não Sabe
14 e 15/07/16	3	6	—	1	—	—	—	—	4	14	64
07 e 08/12/16	3	9	—	1	—	—	—	—	5	15	62
26 e 27/04/17	7	16	—	—	—	—	—	—	5	16	52
21 a 23/06/17	8	15	—	1	—	—	—	—	4	19	48
27 e 28/09/17	9	18	—	1	—	—	—	—	4	18	48
29 e 30/11/17	11	17	—	1	1	—	1	—	4	19	46
29 e 30/01/18	10	17	—	2	1	—	1	—	3	19	48
13/04/18	11	13	—	1	1	—	1	1	4	21	46
06 e 07/06/18	12	10	—	2	1	—	1	1	2	23	46
20 e 21/08/18	15	20	—	2	2	1	1	2	3	14	41
10/09/18	20	9	4	5	3	2	1	2	5	12	37
13 e 14/09/18	22	5	8	7	3	2	1	3	2	12	32
18 e 19/09/18	24	3	11	7	3	2	1	1	7	11	30
26 a 28/09/18	25	2	17	6	4	2	1	1	7	8	27
02/10/18	28	1	16	7	4	2	1	1	8	8	24
03 e 04/10/18	31	1	17	7	4	2	1	1	8	6	22

A evolução da intenção de voto espontânea (indicador mais importante para se medir a solidez de uma candidatura) nessa série histórica do Datafolha mostra que o nome de Bolsonaro vinha lentamente adquirindo consistência, desde muito antes da campanha de 2018. Ele não estava simplesmente "guardando lugar" para alguém que ainda iria se apresentar, mas efetivamente fidelizando eleitores.

Segundo diversas pesquisas públicas, os eleitores que se "fidelizaram" mais cedo foram essencialmente os das classes A e B, de maior renda e escolaridade, sobretudo homens moradores de grandes centros urbanos. Todos os indícios apontavam para um grupo "órfão" do PSDB.

Entre julho de 2016 e o final do ano de 2017, a intenção de voto espontânea em Bolsonaro evoluiu de 3% para 11%. Em agosto de 2018, no começo da campanha eleitoral, mas ainda antes do início dos programas de TV, chegaria a 15%. A relação voto espontâneo dividido pelo voto estimulado dava dimensão ímpar de consolidação.

Nossa hipótese — a de que dos escombros do sistema político haviam sobrado tão somente dois polos, o lulismo e o "partido da Lava Jato" — é visível quando avaliamos esses números, já que se observa um crescimento paralelo e progressivo das intenções de voto em Lula e Bolsonaro. De julho de 2017 até o final daquele ano, Lula avançou de 6% para 17% nas declarações de voto espontâneas. Após a sua prisão, em 7 de abril de 2018, experimentaria duas quedas consecutivas, para 13%, em abril, e para 10%, em junho.

É importante ponderar que tanto Lula quanto Bolsonaro começaram a viajar pelo Brasil bem antes de seus oponentes. Mas isso, por si só, não elucida o fenômeno. Fundamentalmente, o crescimento de ambos se explica pelo alto potencial de aderência dos eleitores às narrativas que cada um representava.

O lançamento de Lula como concorrente à Presidência o recolocou rapidamente no patamar de 20% das intenções de voto espontâneas, capital eleitoral que, após o indeferimento de sua candidatura, seria progressivamente transferido, quase totalmente, a Fernando Haddad, que chegaria na última pesquisa dessa série, às vésperas da eleição, com 17% das manifestações espontâneas de voto.

Aos poucos, observamos uma diminuição dos índices de brancos, nulos e indecisos, votos que foram se definindo, quase que exclusivamente, entre esses dois polos. Ciro até obteria algum crescimento, mas Alckmin teria desempenho inercial em suas intenções espontâneas de voto. Aliás, o PSDB perdeu para Bolsonaro justamente seu eleitor mais fiel: o grupo de maior renda (acima de dez salários mínimos), escolarizado e urbano. Por isso a declaração espontânea de voto foi sempre tão tímida.

Uma análise de como evoluiu a intenção de votos estimulada desde dezembro de 2015, logo após o início do processo de impeachment, mostra que quem estava "guardando lugar" para algo novo ainda a se apresentar — no caso, Bolsonaro — eram os outros candidatos, os que já haviam estado na cena, com *recall* de campanhas presidenciais passadas.

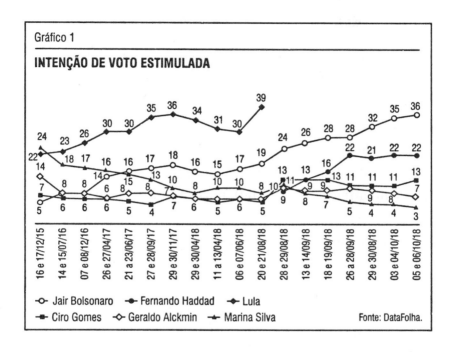

Quanto o atentado sofrido por Bolsonaro influiu no resultado da eleição? Essa é uma questão sobre a qual nunca haverá métrica cabal e definitiva. A pesquisa do Datafolha publicada em 10 de setembro de 2018 teve um campo híbrido, parte realizada antes e parte depois do episódio. De todo modo, já mostrava um crescimento para 20% das intenções espontâneas de voto, que seguiria avançando até bater nos 31% às vésperas da eleição.

O episódio trouxe benefícios eleitorais e políticos evidentes a Bolsonaro. As notícias sobre seu estado de saúde tiveram ampla cobertura na televisão, e particularmente Alckmin teve de diminuir o ímpeto de sua campanha negativa contra o candidato do PSL. Mas a nossa hipótese é de que Bolsonaro já era favorito e provavelmente venceria a eleição mesmo que a facada não tivesse ocorrido. As condições conjunturais e estruturais favoráveis à sua vitória já estavam dadas.

A análise das curvas de desempenho de Jair Bolsonaro nas pesquisas estimuladas realizadas pelo Datafolha desde dezembro de 2015, em contraste com as de Geraldo Alckmin e Marina Silva (que representavam os polos políticos derrotados por Dilma Rousseff em 2014), mostra um processo constante de crescimento do primeiro, e de esvaziamento dos outros candidatos alternativos ao PT.

Ironicamente, o impeachment de Dilma melhorou as condições de competitividade de Fernando Haddad, na medida em que ela foi sucedida por um governo que adotou medidas impopulares e que, alvo de muitas denúncias, terminaria com índices de avaliação ainda piores que os dela. Esse fortalecimento do PT, paradoxalmente, também significava o fortalecimento de seu antagonista mais visceral. O crescimento do Partido dos Trabalhadores serviria de combustível para o sentimento antipetista, que encontrava em Bolsonaro o refúgio mais seguro.

Todos os episódios que tivemos em série, a crise econômica, o impeachment de Dilma, o aprofundamento da Lava Jato, as denúncias contra Temer e a prisão de Lula, forjaram uma polarização na política nacional em que os candidatos de oposição ao PT oriundos da "política tradicional" não tinham espaço.

Outra mudança que os grandes partidos patrocinaram, e que os penalizaria, foi nas regras de campanha eleitoral, um conjunto de alterações feitas com pouco critério, no afã de

A ELEIÇÃO DISRUPTIVA

dar satisfações à opinião pública. O horário eleitoral mais curto significou menos tempo para os partidos tradicionais tentarem reverter a tendência estrutural do pleito já desenhada, além de aumentar ainda mais a importância das redes sociais, principalmente do WhatsApp, território amplamente dominado por Bolsonaro, como plataforma de comunicação nessa campanha.

As curvas de tendências de intenção de voto estimulada, medidas pelo *tracking* nacional via telefone do IDEIA Big Data, mostravam um crescimento quase paralelo de Bolsonaro e Haddad.

No dia do atentado, 6 de setembro, Bolsonaro tinha 21% das intenções de voto nominais. Em 10 de setembro (no caso do *tracking*, o campo já capta o efeito do episódio), alcançara 24%. No dia 18, chegaria a 27%. Em 25 de setembro, a 31%; e, em 5 de outubro, a 33% das intenções de voto.

Não nos parece um movimento decorrente de reação a uma comoção nacional, como fora o vertiginoso e pouco sólido crescimento de Marina Silva após a morte de Eduardo Campos, em 2014. Parece, isso sim, um crescimento gradual e consistente, potencializado pelo atentado e pelos espaços de mídia que a ocorrência propiciou, mas que se explica principalmente pelos marcos estruturais que já estavam dados para esse pleito.

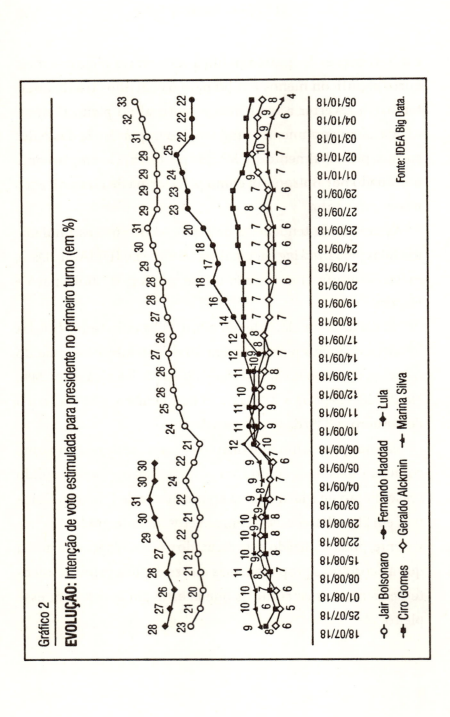

A escalada de Bolsonaro se deu degrau a degrau, passo a passo, ou evento de impunidade a evento de impunidade, como a delação da JBS, a não expulsão de Aécio Neves do PSDB e do Senado, e todas as prisões de representantes dos principais partidos do país.

Dediquemo-nos, por exemplo, ao caso da delação da JBS. Foi vazada em 17 de maio de 2017 pelo jornal *O Globo*. O noticiário, de todos os lados, passaria longos meses exaurindo o tema. Pesquisas Datafolha, compreendidas entre abril (antes, portanto, da notícia da delação dos irmãos Batista) e novembro de 2017, expõem o impacto do fato e seus desdobramentos sobre as intenções espontâneas de voto em Bolsonaro, que subiriam de 6% para 11%, praticamente dobrando. À véspera de ano eleitoral, isso tem grande força.

Em 10 de setembro de 2018, Fernando Haddad tinha 11% das intenções de voto. Até então, era apresentado como o "vice do Lula". Haddad se tornou, oficialmente, candidato do PT no dia seguinte, em 11 de setembro, e a partir dali seria o destino de um processo rápido — e amplamente indicado pelas pesquisas — de transferência de votos desde Lula.

Em 18 de setembro, Haddad alcançaria 14% das intenções de voto. No dia 25 do mesmo mês, 20%. Teria seu melhor resultado em 2 de outubro, quando chegou a 25% e registrou sua menor diferença para Bolsonaro, que então contava com 29%.

Todavia, o último movimento de definição do eleitorado no primeiro turno já esboçava o que seria o resultado final da eleição. Na nossa pesquisa realizada em 5 de outubro, Bolsonaro voltou a abrir vantagem e bateu nos 33%, contra 22% de Haddad. Nas urnas, naquele primeiro turno, Bolsonaro obteria 49.276.990 votos, o que significou 33,4% sobre o total do eleitorado e 46,03% dos votos válidos. Fernando Haddad conquistaria 31.342.005 votos, 21,2% sobre o total do eleitorado e 29,08% dos votos válidos.

Aqui, um ponto crucial dessa eleição: a antecipação da pergunta plebiscitária "você, eleitor, quer o PT de volta ou não?". Uma pergunta que se materializaria, naturalmente, no segundo turno, mas que acabou tomando a mente dos eleitores nos últimos dias do primeiro turno. Dois eventos parecem ter sido críticos para essa antecipação: a evolução rápida e positiva de Haddad nas pesquisas de intenção de voto (que mobilizou o "medo" do PT); e as manifestações #elenão ocorridas no final de semana anterior à primeira rodada de votação, que fizeram com que a polarização normalmente própria ao segundo turno se precipitasse. Esse conjunto injetou o argumento do "voto útil" contra o PT e drenou votos de Alckmin, Meirelles, Marina, Alvaro Dias, Daciolo e Amoedo.

Nesse sentido, ao analisarmos esses outros *players*, a impressão é de que permaneceram sempre no acostamento da disputa. Geraldo Alckmin, em 22 de agosto de 2018, logo após o início da campanha oficial, aparecia com 9,5% das intenções de voto; em 5 de outubro, na última colheita do *tracking*, registraria 8%. As urnas, contudo, serão ainda mais duras com ele, que obteria pouco mais de 5 milhões de votos, menos de 4% sobre o total

A ELEIÇÃO DISRUPTIVA

do eleitorado. O resultado mostrou que a base eleitoral nacional tucana havia mesmo se dissipado.

Nessas mesmas duas datas, Ciro Gomes registraria 8,6% e 10%, amealhando nas urnas praticamente esse mesmo percentual, se calcularmos seus votos sobre o conjunto do eleitorado. Um ponto a registrar foi o fato de Ciro ter crescido ao divulgar sua intenção de ajudar a tirar as pessoas com nome "sujo" das listas do SPC. Parte do eleitorado entendeu como demagogia, mas uma parcela (estimamos entre 3 e 4 pontos percentuais) fidelizou-se ao candidato em razão dessa proposta. Faltou à sua campanha entrar no eleitorado mais popular, de menores renda e escolaridade. Porém, com Lula todos os dias no programa de TV de Haddad, essa era missão quase impossível.

Marina Silva, por sua vez, desidrataria progressivamente, caindo dos 13% registrados em 22 de agosto para os 4% aferidos em 5 de outubro, e depois, nas urnas, obtendo menos de 1% dos votos do total do eleitorado brasileiro. O caso da ex-senadora é interessante. Seu melhor desempenho nas pesquisas de opinião, notadamente nas iniciais, mostrou ser muito mais um *recall* de eleições passadas do que algo pautado em bases sólidas da conjuntura eleitoral.

Um aspecto muito importante a ser analisado é a capacidade de transferência de votos de Lula em 2018, expressiva, mas bem menor do que provavelmente imaginado pelo PT. Em agosto, o ex-presidente chegou a registrar 39% no Datafolha e 37% no Ibope. Haddad, como vimos, teria 22% dos votos calculados sobre o total do eleitorado, ou seja, menos de 2/3 do que o ex-presidente chegara a pontuar nas pesquisas.

Haddad não herdou todos os votos de Lula, mas toda a rejeição ao PT. O bônus, afinal, foi menor que o ônus.

No *tracking* via telefone do IDEIA Big Data, Lula registrou, em 25 de julho, rejeição de 32%. No dia 12 de setembro, recém-anunciado candidato no lugar do ex-presidente, Haddad contava com 16,6% de rejeição. Progressivamente identificado com o PT, chegaria ao final do primeiro turno com rejeição de 40%.

A cristalização dos polos

Normalmente, como já referenciado, campanhas se tornam mais agressivas no segundo turno, quando tende a se estabelecer uma guerra da rejeição. Em 2018, essa dinâmica da rodada final se impôs ainda no primeiro turno, outra característica singular dessa eleição disruptiva.

Na disputa de 2018, a batalha de rejeições entre os dois polos mais fortes estava posta desde o início. Da mesma forma que seus índices de intenção de voto, os de rejeição de Bolsonaro e Haddad avançavam paralela e quase simetricamente.

A ELEIÇÃO DISRUPTIVA

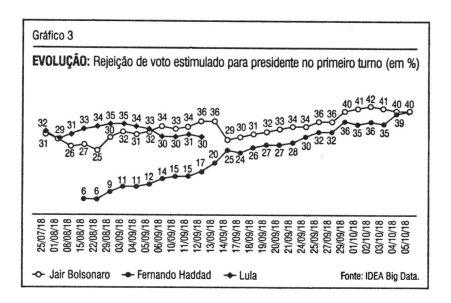

A rejeição a Bolsonaro cresceu de 31%, em 25 de julho, para 39,8%, em 29 de setembro. Importante registrar que a rejeição a ele, em 6 de setembro, dia do atentado, era de 34%, caindo para 30% em 17 de setembro, e depois retomando escala ascendente até 40% em 5 de outubro, o mesmo índice de Haddad.

Diferentemente das dinâmicas das campanhas tradicionais, Bolsonaro nunca buscou "o centro": jamais procurou moderar o discurso como estratégia para conquistar eleitores que poderiam estar com ele, mas estavam inseguros. Pelo contrário, sua aposta sempre foi a de manter o ambiente de polarização que lhe dava oxigênio para crescer. Em 2018, a disputa pelo voto e a batalha de rejeição tinham a mesma importância para o resultado final.

Essa cristalização das preferências eleitorais em torno do lulismo e do candidato representante do "partido da Lava Jato" era tão intensa que, diante da dificuldade em acender uma luz própria com capacidade de atrair a atenção dos eleitores, os outros *players* passariam a tentar constituir-se no contraste a essa polarização.

Isso fica bastante claro quando se examina a campanha e a comunicação de Geraldo Alckmin. Depois de um primeiro movimento em que atacou frontalmente Bolsonaro, explorando declarações de caráter machista e o discurso de que "não é na bala" que se resolvem os problemas do Brasil, o candidato do PSDB, temendo vitimizar o do PSL, sobretudo após o episódio da facada, mudaria o seu discurso. Em seu programa eleitoral de 18 de setembro, Alckmin diria: "De um lado, temos a turma de vermelho que é contra a Lava Jato; de outro, a turma do preconceito, (...) da intolerância. Essas duas turmas (...) só levarão o Brasil ao fundo do poço." E, na reta final do primeiro turno, faria um apelo racional ao voto útil, segundo o qual só ele seria capaz de vencer o PT no segundo turno.

A onda que a campanha de Bolsonaro impulsionou nas redes sociais, chamando a vitória em primeiro turno, foi mais eficiente, e o resultado foi o crescimento do candidato do PSL e desabamento do tucano.

Marina Silva faria um chamamento à união, tentando se posicionar como a candidata capaz de colocar um fim na divisão do Brasil. Num país efetivamente dividido, esse discurso não teve ressonância.

Meirelles, por sua vez, procuraria encaixar o seu jeito de contrastar com esse ambiente, afirmando, em seus programas eleitorais de TV, que "os problemas não são nem de esquerda,

A ELEIÇÃO DISRUPTIVA

nem de direita", e que "o mundo não se divide entre quem gosta do Lula, do Temer ou do FHC (...) o mundo se divide entre quem ajuda quando o Brasil precisa, e quem não ajuda".

O fato, porém, é que o Brasil estava, sim, dividido, e tanto o então presidente Michel Temer quanto o ex-presidente Fernando Henrique eram símbolos irrisórios nessa cisão, significados sem significantes. O país estava rachado majoritariamente entre o lulismo e o "partido da Lava Jato". O espaço eleitoral que sobrava fora dessa polarização era muito exíguo, e as dificuldades de construir discurso e personagem que rompessem essa lógica eram imensas. Não se trata, e não estamos fazendo isso, de criticar uma ou outra estratégia de campanha. Mas de reconhecer um imperativo muito forte de uma conjuntura política *sui generis* na história do Brasil.

A rejeição a Bolsonaro sempre foi grande, e sempre esteve bem precificada: "Machista, homofóbico"; "racista"; "Ele parece um ditador"; "(...) se deixar, põe um muro e deixa os gays lá dentro", "Tem bons projetos (...) mas vomita tanta coisa ruim com ideais meio bostas que não dá" — eis algumas frases que recolhemos em grupos qualitativos e pesquisas via antropologia digital mobile do IDEIA Big Data sobre sua candidatura.

Tudo o que foi exposto na TV, durante o horário eleitoral, não era exatamente uma novidade, mas muito mais a "ativação" de marcas negativas que já existiam. Porém, o fato é que quase metade do país estava disposta a sublimar tudo isso para "punir os políticos corruptos", "derrotar o PT" e ter um presidente que "metesse bala na bandidagem".

A análise da rejeição a Lula e ao PT é mais complexa. Lula chegara ao final de agosto, antes de ter a candidatura indeferida, com índices de rejeição de 35%, um percentual bem próximo dos resultados que as pesquisas quantitativas publicadas na imprensa apresentavam constantemente desde o impeachment de Dilma Rousseff.

A rejeição ao PT, entretanto, era maior do que aquela ao ex--presidente. Em pesquisa de diagnóstico realizada pelo IDEIA Big Data em junho de 2018, 57% dos eleitores declararam que "não votariam em um candidato do PT de jeito nenhum". O lulismo tinha mais votos e menos rejeição que o PT. Lula continuava sendo a última memória positiva de um político para a população de baixa renda. Esse legado sentimental na memória popular supera, em muito, o legado do PT.

Resultados estatísticos se prestam não só a mostrar a expressão quantitativa de preferências e opiniões, mas também para ilustrar um sentimento social reinante. Índices de rejeição variam muito, por exemplo, conforme a pergunta por meio da qual os tentamos medir. E existem rejeições mais e menos cristalizadas. Independentemente de sua exatidão estatística, esse resultado de 57% de eleitores que "nunca" votariam num candidato do PT mostrava um ambiente social muito hostil à recondução de um governo do partido, barreira que só poderia ser vencida pelo próprio Lula.

Os índices de rejeição ao PT derivavam fundamentalmente da associação de líderes do partido à denúncia de corrup-

A ELEIÇÃO DISRUPTIVA

ção e também do desempenho econômico do governo Dilma. Agregavam-se ainda outros elementos laterais ideológicos, religiosos, morais e comportamentais. Importante ressaltar que não estamos estabelecendo aqui um juízo sobre a procedência de verdade nesses vetores de rejeição, mas decodificando o que estava na cabeça das pessoas.

Em pesquisa realizada no primeiro semestre de 2018, foi feita a seguinte pergunta, para resposta espontânea: quando você pensa em um político corrupto, quem vem na sua cabeça? Lula ficou na posição *top of mind*, com 42,7% das menções. Ou seja, o saldo do processo da Lava Jato deixava também no ex-presidente essa mácula. Uma boa parcela dos eleitores de Lula não o inocentava do crime, mas, sim, o absolvia do pecado: "Pode ter roubado, mas ajudou muito os pobres. Diferente de outros que ficam só pra si"; "Todos os políticos roubam. Ele roubou, mas fez coisas boas para as pessoas e pelo Nordeste"; "Roubou, mas ele fez. Tirou dos ricos para dar pros pobres. E guardou um pouquinho pra ele" — eis algumas das frases que ouvimos em grupos qualitativos e em pesquisas de antropologia digital mobile do IDEIA Big Data com eleitores de Lula sobre o ex-presidente.

Esse "rouba, mas faz" é diferente de exemplos clássicos da política brasileira, de políticos notoriamente corruptos, porém "obreiros". No caso de Lula, mostra uma adesão visceral, carregada de um conteúdo quase de gratidão pessoal e que possuía uma identidade de classe. Lula não era visto pelos seus eleitores exatamente como um criminoso do colarinho branco ostentativo. Se cometeu delitos, foi para trabalhar pelos mais pobres. E a gravidade do hipotético crime no episódio do tríplex, na cabeça desse eleitor, era muito menor do que a das contas na Suíça ou das malas de dinheiro que apareciam quase todo dia nos telejornais.

É interessante notar que, de uma maneira um tanto paradoxal, a percepção de que "todos os políticos roubam" serviu para dar suporte tanto à popularidade de Lula quanto à de Bolsonaro. Ambos, de maneira distinta, alimentaram-se dessa imagem que se tornara dominante.

No caso de Lula, o pecado da corrupção não resultou na criação de um diferencial negativo em relação a seus concorrentes; porque, afinal, "todos roubam". Ao mesmo tempo, a ideia disseminada de que ele roubara de quem tinha para dar a quem não tinha ensejava um enredo positivo para o ex-presidente. Insuficiente, todavia, para fazer de Haddad o novo presidente do Brasil.

Essa percepção, conjugada ao grande impacto social e ao apelo simbólico do governo de Lula, fez do lulismo uma força eleitoral e de opinião pública consistente e orgânica, o que explicaria Lula, mesmo preso, haver mantido a liderança nas pesquisas de opinião e sua competitividade como presidenciável. Ele continua sendo o político com maior popularidade e capital eleitoral individual do país.

O problema é que, além do contexto físico, objetivo, de estar preso, a sua posição de fala diante dessa imensa crise evidentemente ficara muito mais frágil do que no passado recente. Toda

A ELEIÇÃO DISRUPTIVA

a narrativa e o imaginário formados em torno de Lula poderiam ter força para elegê-lo presidente, mas não para vencer a grande rejeição erguida contra o PT.

Parte dos eleitores de Lula estavam dispostos a sublimar os eventuais erros do ex-presidente, mas não os de seu partido. Na estratégia do PT, pareciam prevalecer a crença de que Bolsonaro não venceria qualquer dos adversários no segundo turno (se conseguisse chegar lá) e a certeza de que a força do lulismo, nesse cenário de embate contra o candidato do PSL, seria suficiente para contornar a rejeição ao partido e levar Haddad à vitória. Ambas as convicções estavam erradas e foram decisivas para o resultado final da eleição.

A campanha do PT estava numa sinuca de bico, numa situação complexa e difícil imposta pela conjuntura. Sua premissa, correta, era de que as chances de levar Haddad ao segundo turno passavam por identificá-lo como "o candidato do Lula". Só que não havia tempo para fazer isso e paralelamente construir uma autonomia para a imagem de Haddad, algo que o protegesse ao menos em parte dessa taxa de rejeição que se erguera contra o PT.

Além disso, o discurso de Haddad mirava demais o passado, enquanto o de Bolsonaro falava de uma ruptura com o presente: fazer algo "diferente de tudo que está aí". O adversário de Haddad era o "golpe que impediu Lula de ser candidato" e a sua utopia, o governo que iria "trazer o Brasil do Lula de volta". Os adversários de Bolsonaro eram os políticos corruptos e a "bandidagem", e a sua utopia, o governo de um presidente honesto, que garantisse mais segurança nas ruas e que protegesse a "inocência das nossas crianças". Quando o PT despertou para a necessidade de enfrentar as fortalezas de Bolsonaro, era tarde demais.

A campanha de Bolsonaro ainda agregou a Haddad a rejeição gerada pelas pautas comportamentais, principalmente com a lenda do "kit gay" nas escolas, que teve grande impacto num público evangélico representativo e com capacidade orgânica de reprodução tanto de votos quanto de sentimentos de rejeição. A rejeição ao PT acabaria se mostrando uma barreira maior e mais difícil de transpor do que a rejeição a Bolsonaro. Vencendo a batalha de rejeições, Bolsonaro venceu a eleição.

4.

Caiu no grupo, é mito?
A eleição do WhatsApp

A Era dos Smartphones

Durante a construção de Brasília, o ex-presidente Juscelino Kubitschek de Oliveira levou todos os seus ministros para fazer uma visita ao campo de obras. O então ministro da Guerra, Henrique Lott, olhou os edifícios em construção e logo indagou ao arquiteto Oscar Niemeyer: "Estou achando esses edifícios dos Ministérios da Marinha e do Exército muito modernos. Quero algo mais tradicional." Niemeyer prontamente respondeu: "Marechal Lott, numa guerra, o senhor prefere armas tradicionais ou armas modernas?"

Nas eleições de 2018, as armas modernas ganharam protagonismo nunca antes visto nos pleitos brasileiros. Esse foi um fator fundamental para a vitória de Bolsonaro e para a renovação política do Congresso e das assembleias estaduais.

O Brasil de 2018 entrou na era moderna de discussão sobre comunicação política. Assim como nas grandes democracias do mundo, chegara ao fim o tempo das campanhas políticas com estruturas internas segmentadas. Antes, era comum a divisão: "a campanha de rua", "a campanha de TV/rádio" e "a campanha digital".

Hoje, existe uma campanha somente, cujo sucesso depende de saber integrar as partes de maneira eficiente. O conteúdo produzido pelos candidatos nas ruas com um smartphone passa pela TV, enriquece as redes sociais, acaba no rádio e surge no WhatsApp. Mesmo candidatos com muito tempo de TV precisam desses outros elementos efetivos e integrados para ter êxito.

Abriram-se as portas para o smartphone. O acesso a esse tipo de tecnologia aumentou no Brasil. Segundo pesquisa realizada em 2018 pela FGV, naquele ano o país já superava a marca de 220 milhões de celulares ativos dessa categoria. Os brasileiros acessam a internet via smartphone em média trinta vezes por dia, e a maioria absoluta utiliza o celular para dialogar e acompanhar grupos de discussão (segundo dados do Facebook, que é dono do WhatsApp).

Das 120,7 milhões de pessoas que acessaram a internet em maio, junho e julho em 2018, 49% utilizaram celulares. Enquanto 99% da classe A têm acesso à internet, 69% o têm na classe C. Nas classes D e E, o alcance chega a 30%, dos quais 80% se conectam por meio do celular. De acordo com o IBGE, 138 milhões de brasileiros têm celular, de uma população total de 209,3 milhões.

A ELEIÇÃO DISRUPTIVA

Portanto, a eleição presidencial de 2018 invadiu as telas dos telefones celulares e consequentemente os grupos de Whats-App. Essa onda já fora relevante nas eleições presidenciais da Colômbia e do México, e se repetiu no Brasil. Poucos analistas políticos se preocuparam em olhar o que acontecera nos vizinhos como preditor do pleito nacional. Muitos especialistas insistiam que o "tempo de TV", a "máquina partidária" (com menos recursos que em 2014) e alguma "mágica" vinda de Brasília pudessem superar, por si sós, os novos hábitos das pessoas para se informar.

Em paralelo, a audiência da propaganda de TV — os programas eleitorais de cerca de dez minutos — apresentava evolução negativa a cada ciclo eleitoral. Em 2008, a audiência, em São Paulo e no Rio Janeiro, atingira o ápice de 22 pontos percentuais, segundo monitoramento da Universidade George Washington. Em 2016, sob o mesmo monitoramento, esse índice estava 6 pontos percentuais. Nesse período, os *spots* — filmes de trinta segundos durante intervalos comerciais — ganharam força.

Todavia, em 2018, o período de exibição desses filmes rápidos na TV foi reduzido, pelo simples fato de a campanha eleitoral haver sido mais curta. Com isso, o impacto de cada *spot* sobre eleitores também diminuiu. Os especialistas em mídia pregam que frequência é tudo: menos frequência, menor impacto.

Além disso, os comerciais de TV passaram a disputar a atenção dos eleitores com o telefone celular. Pergunta ao leitor: você nunca olha o celular durante um intervalo comercial? Ou melhor: você quase sempre olha o celular, né? Em 2018, o ápice de audiência do programa eleitoral para presidente em São Paulo e no Rio de Janeiro foi de 5 pontos percentuais.

Para completar, o pleito brasileiro ainda apresentaria uma particularidade adicional. Candidatos com pouquíssimo tempo de propaganda na TV bem colocados nas pesquisas eleitorais. Isso fez com que tivessem cobertura diária dos principais telejornais, algo que soa para o eleitor como cobertura espontânea e não parte do marketing. Essa presença constante na mídia espontânea anestesia a carência de *spots* comerciais e dilui o efeito da propaganda oficial. No caso de Bolsonaro, isso ganharia proporções exponenciais durante o período pós-facada.

A era do império da televisão, do horário eleitoral gratuito como palco que monopoliza a atenção dos eleitores, acabou. Em 2018, a disputa presidencial ocorreu em três frentes paralelas: a tradicional, na TV, que viu diminuir a sua importância; a da cobertura midiática, cuja relevância foi muito maior do que em eleições passadas e a das telas dos smartphones, por meio das quais se disseminou um debate frenético, um novo front em cujas batalhas se decidiram as eleições presidenciais e alguns pleitos estaduais.

Não se trata de dizer que a TV não terá um papel importante em campanhas políticas. Mas que o terá em outra dimensão, consistente com a nova era em que estamos. Henry Jenkins a define como a da "cultura da convergência", onde "as velhas e novas mídias colidem, onde a mídia corporativa e a mídia alternativa se cruzam, onde o poder do produtor de mídia e o poder do consumidor interagem de maneira imprevisível (...)

A ELEIÇÃO DISRUPTIVA

a convergência representa uma transformação cultural, à medida que os consumidores são incentivados a procurar novas informações e fazer conexões em meio a conteúdos de mídia dispersos".[12]

Alguns analistas especulam que o quadro "O Brasil que eu quero", dos telejornais da TV Globo, acabou também sendo uma mídia espontânea para o candidato do PSL. Nele, as pessoas gravavam um vídeo, por meio do próprio celular, mostrando sua localidade e verbalizando as características do país que desejavam. Dois temas foram amplamente mencionados no quadro durante longos meses: fim da corrupção e combate à violência. O candidato que mais "abraçava" essas causas era Jair Bolsonaro. E nada melhor que ter os pilares de sua narrativa exaustivamente exibidos pelos telejornais da Globo.

Nessa nova era, é vital saber pensar o desdobramento da campanha em cada uma das múltiplas plataformas, com especial atenção para esse novo front, mais difícil de controlar, onde a informação se propaga de maneira geométrica, gerando mais engajamento, que é o WhatsApp.

Mídias tradicionais, como a televisão, são potencialmente passivas, heterônomas, verticais. Para que seu poder de persuasão sobreviva nesse novo ambiente, precisarão mudar essa linguagem (como é o exemplo da série "O Brasil que eu quero"), porque agora competem com novas mídias, participativas, interativas, instantâneas, horizontais, nas quais a informação tem, *a priori*, mais legitimidade porque o "emissor" não é um

---

12. JENKINS, Henry. *A cultura da convergência*. São Paulo: Aleph, 2009. p. 27.

"político" (como, em geral, é nos programas eleitorais), mas um conhecido, um familiar, "gente como a gente". São plataformas de comunicação e de empoderamento.

A eleição de Bolsonaro foi um fenômeno bem complexo sob o prisma do papel das redes sociais. Consideramos esse caso uma convergência de diversos fatores, que se originam no forte hábito de uso de telefonia celular, mas que passam por sua conta no Facebook, pela autenticidade do candidato, pela capacidade de disseminação de conteúdo via WhatsApp e até mesmo pela dificuldade que os brasileiros têm de lidar com fake news (notícias falsas).

Este capítulo procura explorar os pontos mencionados.

Mobilização voluntária nas redes (on e off-line)

Em artigo de outubro de 2018, publicado no *El País*,[13] Maurício Moura, um dos autores deste livro, Juliano Spyer e David Nemer pontuaram que a campanha de Bolsonaro nas redes e no ambiente mobile se assemelhou, do ponto de vista de organização e coordenação, a eventos geralmente apreciados por analistas políticos, como a Primavera Árabe e os movimentos dos indignados, na Espanha, e do *Occupy Wall Street*, nos EUA.

---

13. SPYER, Juliano; NEMER, David; MOURA, Maurício. Menos comunicação em nome da democracia? Mais que WhatsApp e "fake news", o conservadorismo impulsionado pela indignação impulsa Bolsonaro. *El País*, 26 out. 2018. Disponível em: <https://brasil.elpais.com/brasil/2018/10/26/opinion/1540565822_010438.html>. Acesso em: abr. 2019.

A ELEIÇÃO DISRUPTIVA

Do ponto de vista ideológico, há diferenças óbvias entre esses casos e o da campanha para eleger o candidato do PSL, mas todos tiveram em comum o fato de serem o resultado de grande engajamento voluntário.

Engajamento que ocorre dentro, mas também fora da internet, por meio de muitas manifestações e encontros presenciais. Engajamento esse que dificilmente tem uma estratégia centralizada e coordenada. Muito pelo contrário: o histórico de outros movimentos mundo afora mostra que, quanto mais descentralizado, mais espontâneo e, portanto, mais imprevisível.

Os dados do Facebook de Bolsonaro durante a campanha de 2018, de agosto até o final de outubro, são incríveis. O gráfico a seguir traz números superlativos mesmo quando comparados a candidatos na Índia, no México e nos Estados Unidos.

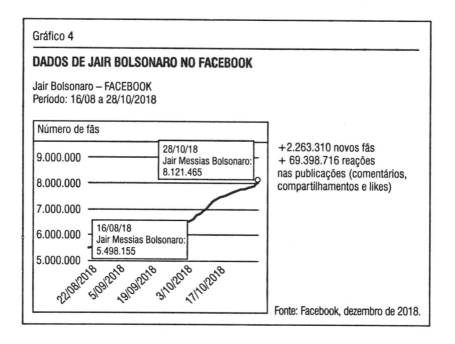

Gráfico 4
DADOS DE JAIR BOLSONARO NO FACEBOOK

Jair Bolsonaro – FACEBOOK
Período: 16/08 a 28/10/2018

Fonte: Facebook, dezembro de 2018.

No ambiente do WhatsApp, um estudo do IDEIA Big Data mostrou que os conteúdos pró-Bolsonaro chegaram, na última semana do primeiro turno, a 40 mil grupos por dia. Supondo uma média de cem pessoas por grupo, a campanha de Bolsonaro pode ter alcançado 28 milhões de indivíduos, diretamente, no momento crítico da corrida eleitoral.

Poderíamos também comparar Bolsonaro ao ex-presidente Barack Obama como um líder capaz de mobilizar pessoas a trabalharem por sua campanha no ambiente digital, porém essa comparação seria injusta com o brasileiro. O êxito de Obama também resultou do carisma do candidato, mas ele usou fartamente os anúncios televisivos e a máquina partidária. Diferente do democrata americano, Bolsonaro foi um azarão que se lançou candidato por um partido com importância periférica.

A exitosa campanha de Bolsonaro parece ter sido produto de uma gestão eficiente, mesmo que acidental, do uso das mídias sociais. Segundo diversas fontes, tal utilização foi basicamente liderada pelo seu filho Carlos Bolsonaro. Um processo que não teve início com a propaganda eleitoral, mas que foi desenvolvido ao longo dos anos. O conteúdo influente que circulou derivava, pelo menos em parte, dessa relação sinérgica entre pessoas identificadas com o candidato do PSL e sua forma autêntica de se comunicar.

Esse engajamento foi consequência, também, da grande rejeição ao PT. A campanha de Bolsonaro foi eficiente em se comunicar com potenciais apoiadores, sem dúvida. Mas seu número de apoiadores cresceu na medida em que se firmou

A ELEIÇÃO DISRUPTIVA

mais claramente como o "candidato anti-PT", sobretudo depois de haver apregoado, via redes sociais e com contundência, que poderia vencer o PT já no primeiro turno. Ali, venceu a batalha de comunicação contra Alckmin, que tentava, a partir das pesquisas, racionalizar a tese do voto útil, tática que, no contexto específico da eleição de 2018, não teve reverberação.

Aparentemente, a campanha de Bolsonaro combinou uma imensa rede orgânica e espontânea de apoiadores, formada de maneira consistente ao longo dos anos, com uma ação dirigida geradora de conteúdos que a alimentavam de acordo com uma lógica estratégica. Esses conteúdos pensados eram jogados nessa rede, que rapidamente os espalhava. Os exemplos da onda "É Bolsonaro pra vencer o PT no primeiro turno" e da reação ao "Ele não" são indícios bastante claros de que existia essa articulação entre movimento espontâneo e conteúdos dirigidos.

Essa visão do todo é importante para quem quer pensar o planejamento de uma campanha eleitoral. Não se deve cair na ilusão romântica de achar que um discurso pode disseminar-se na rede artesanalmente, de qualquer jeito, sem lógica estratégica. Numa campanha eleitoral, cada vez mais se exige um tratamento profissional às redes e especialmente ao WhatsApp, tanto quanto tradicionalmente se dá aos programas eleitorais de rádio e TV. É importante, sempre, ter o cuidado de usar em cada plataforma a linguagem apropriada.

Mas tampouco se deve cair na ilusão de que bastaria possuir bancos de dados aleatórios e despejar conteúdos em massa na rede, com instrumentos robotizados, para obter êxito. Na internet e no WhatsApp, só funciona o que se conecta com as pessoas, o que tem poder de aderência, o que gera engajamento; o que se associa aos temores e anseios dos eleitores, à sua visão de mundo, o que mobiliza o sentimento certo no público certo.

Para que isso seja atingido, é necessária uma rede orgânica ampla, cuja montagem não se faz de um dia para o outro. Isso é um trabalho de acúmulo, desdobrado ao longo de tempo, o que torna ainda mais atual o conceito de que uma campanha é um processo permanente, e não um advento de poucos meses antes do pleito.

Todos esses elementos pareciam estar bem conjugados e resolvidos na campanha de Jair Bolsonaro. Sua vitória não foi exclusivamente um "produto do WhatsApp", mas resultado de uma nova conjuntura, tanto política quanto tecnológica, na qual essa grande transformação nas plataformas de comunicação era um dos elementos centrais. Certamente, nos próximos ciclos eleitorais, debateremos sobre novas plataformas tecnológicas diante de novas conjunturas.

A ELEIÇÃO DISRUPTIVA

Alguns dínamos desse movimento voluntário

Olavo de Carvalho como impulsionador

Ao tentar estudar o fenômeno Bolsonaro nas redes, deparamo-nos com "uma lenda urbana". Vamos compartilhá-la aqui. Mas desde já pedimos licença intelectual e poética para discorrer a respeito mesmo sem as devidas comprovações empíricas. Referimo-nos ao efeito "Olavo de Carvalho" nas redes de Bolsonaro.

Olavo de Carvalho, residente no estado da Virgínia, nos Estados Unidos, nasceu em Campinas, São Paulo, em 1947. É professor de filosofia sem jamais ter concluído um curso universitário e adepto da teoria de que a "a entidade chamada Inquisição é uma invenção ficcional de protestantes". Segundo reportagem da BBC de dezembro de 2016,[14] Olavo de Carvalho acumularia desafetos com a mesma intensidade com que é defendido por seus admiradores. Acumulou também, ao longo do tempo, milhares de seguidores nas redes sociais.

Suas publicações diárias são um sucesso para qualquer indicador de penetração de redes sociais. Ele escreve, em média, para 500 mil seguidores, ambiente em que trava os embates que o tornaram uma das figuras mais conhecidas e controversas da corrente chamada de nova direita brasileira — grupo ao qual, paradoxalmente, diz não pertencer.

---

14. FELLET, João. Olavo de Carvalho, o "parteiro" da nova direita que diz ter dado à luz flores e lacraias. *BBC Brasil*, 15 dez. 2016. Disponível em: <https://www.bbc.com/portuguese/brasil-38282897>. Acesso em: abr. 2019.

122 MAURÍCIO MOURA E JULIANO CORBELLINI

Para outro filósofo, Pablo Ortellado, professor de políticas públicas da USP, o escritor é uma espécie de "pai espiritual da nova direita" brasileira. "Num momento em que ninguém se reivindicava como direita, ele foi um cavaleiro solitário, e essa pregação no deserto rendeu grandes frutos", afirmou à BBC. E foi Olavo de Carvalho, diante de um público fiel e apaixonado, um dos primeiros a promover o deputado Jair Bolsonaro como possível candidato "contra o sistema". Nada como alguém com milhares de seguidores o chamando de salvador.

Memeficação da política como estrutura principal

Sem entrar no mérito dos conteúdos polêmicos expressados por Jair Bolsonaro, uma de suas fortalezas sempre foi a autenticidade de suas falas, posts e vídeos. Quem o acompanha nas redes sociais se sente "junto" e facilmente se identifica com a forma com a qual se comunica.

Segundo Pedro Henrique Alves,[15] do Instituto Liberal, Bolsonaro parece falar a mesma língua da população não intelectualizada, e sobre os mesmos assuntos. Como se ele incorporasse o *ethos* de padeiro, carteiro, atendente da farmácia, dona de casa, falando exatamente do que falam, com a linguagem que utilizam, enxergando a realidade que enxergam e preparando

---

15. ALVES, Pedro Henrique. Uma análise factual sobre Jair Bolsonaro. *Instituto Liberal*, 30 ago. 2018. Disponível em: <https://www.instituto-liberal.org.br/blog/politica/uma-analise-factual-sobre-jair-bolsonaro/>. Acesso em: abr. 2019.

A ELEIÇÃO DISRUPTIVA

suas respostas a partir disso. Bolsonaro não veria o Brasil pelos óculos das abstrações intelectuais.O presidente eleito em 2018 — diferentemente dos demais candidatos — conseguiu falar, sem filtros, com a população média, e nisso se fundamentou seu grande sucesso, a capacidade de aglutinar seguidores. Não estaria preocupado com o enquadramento das câmeras; se deveria estar em pé ou sentado na abertura do debate; se deveria, em nome do requinte e dos bons modos, abotoar a manga da camisa ou fazer menção a grupos humanitários internacionais; se deveria sorrir para a câmera e para os demais candidatos ou ficar sério. Ele simplesmente ligava o celular e começava a falar, assim como qualquer um de nós faz.

O mesmo Pedro Henrique Alves afirma que a autenticidade de Bolsonaro foi seu maior e melhor marketing. A primeira frase que disse — sob risos — na sabatina do *Jornal Nacional* foi: "Essa mesa está parecendo uma plataforma de tiro." O leitor consegue imaginar uma descompostura desse nível da parte de candidatos como Geraldo Alckmin, Henrique Meirelles e Marina Silva? No entanto, a maioria do povo deu risada.

Outro exemplo, já mencionado, foi a forma como Bolsonaro verbalizou seu desconhecimento sobre economia. Para compensar essa suposta ignorância, porém, teria um economista renomado ao seu lado, representado na figura de Paulo Guedes. Nas redes, simplesmente disse "Paulo Guedes é o meu posto Ipiranga". Nada mais sucinto e de fácil entendimento. Em suma: quando o assunto for economia, é só passar lá que o Guedes resolve.

Seu discurso, mesmo que relacionado a temas fortes e controversos, não costuma ser apresentado de maneira dura ou clássica, mas alinhado à linguagem das redes sociais. Algo visto de modo folclórico, lúdico, juvenil. É esse tipo de manifestação que domina o conjunto Facebook/WhatsApp/Youtube/Instagram/Twitter. É a forma do meme.

Bolsonaro apostou na memeficação da política, dominou a arte de memeficar os temas e, com isso, atraiu milhões de seguidores. A socióloga espanhola Esther Solano aprofundou seus estudos sobre essas novas formas de manifestação típicas de uma *direita pop*, segundo uma entrevista para o portal da Unisinos.[16]

Além de tudo isso, Bolsonaro nunca perdeu o foco no sentimento que queria mobilizar: o ódio contra o sistema político, o norte em "destruir a vagabundagem", especialmente o combate ao PT. Esse era o sentimento dominante no público que, afinal, o levaria ao segundo turno, o público para o qual se dirigia, mantendo, assim, sua rede aquecida, mobilizada, em processo constante de expansão e de geração de engajamento.

---

16. FACHIN, Patrícia. A direita pop e a memificação da política. Entrevista especial com Esther Solano. *Revista IHU Online*, 1º out. 2018. Disponível em: <http://www.ihu.unisinos.br/159-noticias/entrevistas/583242-a-direita--pop-e-a-memificacao-da-politica-entrevista-especial-com-esther-solano>. Acesso em: abr. 2019.

A facada como evento propagador do mundo digital

O episódio-chave para propagar e consolidar de vez as redes sociais de Jair Bolsonaro foi certamente o lamentável evento da facada, em Juiz de Fora, no dia 6 de setembro de 2018.

Os momentos imediatamente posteriores ao atentado foram decisivos para aglutinar ainda mais volume, fluxo e seguidores às redes de Bolsonaro. Vejamos a sequência.

1. O candidato estava nos braços de apoiadores, durante carreata, quando foi atingido na região da barriga por uma faca.
2. O golpe ocorreu por volta das 15h40, segundo informações da Polícia Militar.
3. O filho do candidato, Flávio Bolsonaro, confirmou o ocorrido em sua conta pessoal no Twitter às 16h12. A publicação contava com mais de 30 mil reações até o fechamento deste livro.
4. Bolsonaro foi conduzido à Santa Casa de Misericórdia, a poucos metros do Parque Halfeld, no centro da cidade, onde houve o atentado.
5. Informações extraoficiais apontavam que o candidato estava consciente, mas perdera muito sangue, com indicativo de perfurações no fígado e na alça do intestino.
6. Ele contava com escolta da Polícia Federal no momento do crime. Segundo informações, também extraoficiais, apoiadores de Bolsonaro ajudaram na captura do suspeito, conduzido à PF local para prestar esclarecimentos.

7. Por ter sido preso em flagrante, a Polícia Federal abriu inquérito contra o suspeito, identificado como Adélio Bispo de Oliveira, ex-filiado ao PSOL, o que também seria usado como elemento de mobilização na rede.

8. Às 18h04, Flávio Bolsonaro voltou ao Twitter para pedir orações aos apoiadores. As informações médicas iniciais revelavam que o quadro era mais grave do que o previsto inicialmente, com perfurações no fígado, intestino e pulmão. Com minutos de publicação, o tweet já contava com mais de 13 mil interações.

Nas redes sociais, o atentado "viralizou" rapidamente e seu conteúdo explodiu em grupos de WhatsApp. Das 16h até as 18h daquela quinta-feira, ou seja, em pouco mais de duas horas desde a agressão, o nome de Jair Bolsonaro recebeu mais de 380 mil menções na web. Evento inédito no mundo digital.

O termo "Juiz de Fora" esteve no topo dos assuntos mais comentados no Twitter Brasil desde o momento do atentado até por volta das 18h, seguido por "O Bolsonaro", com 477 mil, "Jair", com 375 mil, e "facada", com 290 mil. A hashtag #ForçaBolsonaro também figurou neste ranking e passaria dos milhões em poucas horas. Nos Trending Topics mundiais, o termo "Jair Bolsonaro" chegaria a ocupar a segunda posição. Tudo isso se traduzindo em poucas horas de muito impacto.

O atentado, porém, não somente direcionou milhões de seguidores para as plataformas de interação de Bolsonaro, mas também deslocou a discussão política para o ambiente digital.

A ELEIÇÃO DISRUPTIVA

Bolsonaro, então, saiu do mundo real para habitar somente o mundo digital. Sem entrar no mérito do preparo do candidato, o fato é que a facada o tirou das sabatinas e debates, e o colocou no centro, para não sair mais, da comunicação via redes sociais e WhatsApp; ou seja, na sua própria zona de conforto.

Fake News: foram realmente decisivas?

Laura Chincilla, ex-presidente da Costa Rica e chefe da missão de observação eleitoral da Organização dos Estados Americanos (OEA) no Brasil, considerou caso "sem precedentes" o uso do WhatsApp para disseminação de notícias falsas na eleição brasileira. Segundo ela, em discurso na OEA no dia 25 de outubro de 2018: "O fenômeno que temos visto no Brasil talvez não tenha precedentes fundamentalmente por uma razão. No caso do Brasil, estão usando redes privadas, que é o WhatsApp. É uma rede que apresenta muitas complexidades para que as autoridades possam acessar e realizar investigações."

Esse é um tema controverso e de base empírica ainda inicial, o que dificulta conclusões. Exige um debate desapaixonado, que nos leve a entender exatamente a extensão do fenômeno e fundamente a discussão sobre as providências corretas para proteger a democracia de seus efeitos.

Uma primeira observação importante é que as fake news sempre estiveram presentes em campanhas eleitorais. Não há qualquer novidade nesse quesito. Os "boateiros profissionais" são personagens clássicos das disputas políticas no Brasil: pessoas com boa desenvoltura, bom papo e capacidade persuasiva, que se infiltram em ônibus, bares, mercados populares para disseminar na forma de "fofoca" informações falsas sobre adversários. Espalham com convicção e certeza que o oponente "roubou tantos milhões", "bateu no pai", "traiu a mulher", "tem filhos fora do casamento", "passa álcool na mão depois de cumprimentar os pobres" etc.

Panfletos difamatórios apócrifos espalhados em massa ou malas diretas atacando candidatos à véspera de eleição são outros exemplos de procedimentos similares às fake news. A diferença — a grande diferença — é que antes não tínhamos celulares, muito menos redes sociais. Hoje, temos plataformas digitais que possibilitam enorme escala e rapidez na disseminação de conteúdo falso, numa incontrolável dinâmica de progressão geométrica. No caso do Brasil em 2018, a principal plataforma para isso foi o WhatsApp.

Convém cuidado ao se apontar uma correlação direta entre fake news e resultado da eleição. É operação extremamente complexa. Isolar o efeito de uma notícia falsa na decisão de voto é um exercício possível, mas de improvável conclusão. É preciso também registrar que os dados sobre o potencial de propagação das fake news nas novas plataformas de comunicação apresentam números impressionantes.

Talvez o exemplo mais palpável venha do Reino Unido. Para muitos britânicos, a inesperada vitória da campanha pela saída da União Europeia, no plebiscito de junho de 2016, foi resultado da propagação de fake news. Dentre as principais

A ELEIÇÃO DISRUPTIVA

informações falsas veiculadas antes do pleito, destacou-se um anúncio que prometia redirecionar para o sistema de saúde britânico £ 350 milhões (cerca de R$ 1,7 bilhão aos valores de hoje) supostamente gastos, por semana, em pagamentos à UE. O filme *Brexit*, produzido pela HBO, reflete bem a concepção e a execução desse enredo.

Na realidade, a diferença entre pagamentos do Reino Unido ao bloco europeu e os investimentos que o país recebe em troca é bem menor que o valor alegado, sendo estimado em £ 160 milhões (R$ 780 milhões aos valores de hoje, aproximadamente). Ademais, devido a outros gastos que o governo britânico deverá assumir quando (e se) oficializada a saída da UE, o saldo disponível para novos investimentos no setor da saúde seria muito aquém do prometido pelos políticos favoráveis ao Brexit. No entanto, uma pesquisa local, de 2017, apontou que 55% dos eleitores favoráveis à saída do bloco acreditaram naquele argumento.

No Brasil, uma pesquisa encomendada pela Avaaz apontou direção semelhante. Conduzida pelo IDEIA Big Data, perguntou aos eleitores se tinham visto e acreditado em cinco das fake news mais populares nas redes sociais durante as últimas semanas das eleições.

Impressionantes 98,2% dos eleitores de Bolsonaro entrevistados tinham sido expostos a uma ou mais daquelas notícias falsas, e 89,8% acreditaram que fossem embasadas em verdade.

Entre as principais, estavam histórias sobre urnas fraudadas para contabilizar votos automáticos para Haddad e boatos de que o candidato petista também queria distribuir "kits gay" nas escolas. Entre os eleitores de Bolsonaro, 74% acreditaram na história sobre a fraude nas urnas, e 84% na dos "kits gay".

Essa pesquisa mencionada foi realizada de 26 a 29 de outubro de 2018, entrevistou 1.491 pessoas e apresentou resultados interessantes. Por exemplo:

Histórias de que Fernando Haddad implementaria um "kit gay":

- Estimativa do eleitorado exposto: 73,9%;
- Porcentagem de eleitores de Bolsonaro entrevistados que ouviram a respeito: 85,2%;
- Porcentagem de eleitores de Bolsonaro entrevistados que acreditaram: 83,7%;
- Porcentagem de eleitores de Haddad entrevistados que tomaram conhecimento: 61%;
- Porcentagem de eleitores de Haddad entrevistados que acreditaram: 10,5%.

Histórias sobre fraude nas urnas:

- Estimativa do eleitorado exposto: 86%;
- Porcentagem de eleitores de Bolsonaro entrevistados que ouviram a respeito: 93,1%;
- Porcentagem de eleitores de Bolsonaro entrevistados que acreditaram: 74%;

A ELEIÇÃO DISRUPTIVA

- Porcentagem de eleitores de Haddad entrevistados que acreditaram: 22,6%.

Apesar dos números superlativos, é preciso ter cautela nesse debate. A decisão de voto não passa necessariamente por uma única variável ou por notícia específica, mas por diversos aspectos. Muitos analistas políticos defendem que a definição do voto é mais emocional que racional. Sendo assim, por ora, seria mais prudente assumir que as fake news tiveram papel muito ativo e importante durante a campanha de 2018, mas não foram o elemento central decisivo da eleição. A vitória de Jair Bolsonaro foi fundamentalmente um produto da conjuntura.

*

É necessário combater as fake news, e o primeiro passo consiste em reconhecer a complexidade do problema. A televisão, o rádio e mesmo a imprensa são espaços públicos mediados por uma legislação, um controle que impede, pune e atribui responsabilidade à difusão de informações falsas sem que isso signifique qualquer limitação de participação política democrática. A grande questão é como — e se é possível — chegar a uma equação legal semelhante para um universo tão distinto como o das redes sociais, especialmente o WhatsApp.

De todo modo, a educação dos usuários é uma medida fundamental para combater as fake news e diminuir o seu impacto nas eleições. Educá-los, em todas as esferas, a ter o discernimento para não compartilhar notícias falsas. Essa batalha é longa e exigirá muita disciplina de todos.

Um dado importante que colhemos na mesma pesquisa é que quase 80% dos entrevistados acham que as plataformas de redes sociais deveriam enviar correções das notícias falsas após a verificação de *fact-checkers*, os verificadores independentes. Ou seja, existe espaço para educar e sensibilizar os próprios eleitores sobre a importância de estar vigilante em relação às fake news. Assim como boa parte dos eleitores brasileiros, com o experimento democrático, amadureceram para farejar e rejeitar a mentira no discurso eleitoral, também é possível amadurecer para detectar e descartar o que é mentira nas redes sociais.

No final do segundo turno, reportagens do jornal *Folha de S.Paulo* e da revista *Época* tornaram pública a hipótese de ações planejadas de disseminação massiva de conteúdo falso ou ilegal via WhatsApp. No momento em que escrevemos este trabalho, não havia dados ou provas que permitissem concluir o que de fato houve ou não, qual o volume, ou quanto efetivamente influiu na eleição. É bem plausível que isso tenha ocorrido, mas de maneira generalizada. Ou seja, que todos os lados tenham usado disparos massivos. Queixas semelhantes, sobre ataques virtuais em massa e apócrifos, já haviam sido feitas, por exemplo, pela campanha de Marina Silva em 2014.

Independentemente do impacto que disparos profissionalizados de conteúdo na rede possam ter tido na eleição, o que nos parece é que foi menor do que aquele decorrente do engajamento espontâneo e voluntário e da grande quantidade de conteúdo gerado por eleitores de Jair Bolsonaro. Houve um verdadeiro tsunami virtual provocado pelos apoiadores do candidato do PSL, que se infiltraram nas profundezas das redes virtuais e do WhatsApp, em grupos de família, de clube de futebol, de igreja, de ex-amigos de colégio; enfim, do que se possa imaginar. Parece-nos que esse foi o fator decisivo.

A vitória de Bolsonaro foi fundamentalmente a consequência do "empoderamento" de pessoas comuns que se engajaram usando as ferramentas disponíveis para expressar indignação e visões de mundo, e defender valores. As fake news são subprodutos desse "empoderamento". A história certamente jogará luz sobre isso.

5.

Diferentes de tudo que está aí: o que une Trump e Bolsonaro?

Brasília, DF, 1º de janeiro de 2019

O presidente dos Estados Unidos, Donald Trump, elogiou o discurso de posse de Jair Bolsonaro. Em sua conta oficial no Twitter, escreveu: "Parabéns ao presidente Jair Bolsonaro, que acabou de fazer um grande discurso de posse — os EUA estão com você!"

A mensagem foi postada minutos após o término do discurso feito na Câmara dos Deputados. Bolsonaro agradeceu, também via Twitter: "Caro Sr. presidente Donald Trump, eu realmente aprecio suas palavras de encorajamento. Juntos, sob a proteção de Deus, devemos trazer prosperidade e progresso ao nosso povo!"

Washington, D.C., 8 de novembro de 2016

Naquela noite fria de outono, a festa democrata parecia estar preparada. Bares, restaurantes e clubes esperavam ansiosamente pelo resultado de uma longa campanha que poderia eleger a primeira mulher presidente dos Estados Unidos. A maioria das pesquisas de opinião apontava uma margem apertada, mas favorável à ex-senadora por Nova York e ex-primeira-dama Hillary Clinton. Os especialistas tentavam fazer suas previsões e, em média, apontavam 70% de chance de vitória para a candidata.

O Clube de Associados da Imprensa (Associated Press Club), no coração de Washington, abrigaria a celebração democrata. Estavam presentes vários jornalistas que pouco consideravam as chances do que haviam classificado como "improvável": a vitória do empresário Donald Trump. A maior parte da imprensa americana tinha todos os motivos para não desejar que esse "improvável" se materializasse, e o clima de festa no local certamente traduzia esse sentimento a favor de Hillary.

Todavia, os números de cada estado começaram a aparecer. É bom lembrar que, nos Estados Unidos, o presidente se elege em uma assembleia formada por 538 delegados. Esse volume é igual à soma de cem senadores, 435 deputados e três delegados da capital, Washington, D.C. Cada estado contribui com uma parcela de delegados, equivalente à soma de seus deputados e senadores no Congresso. Estados com maior número de eleitores têm mais delegados. O número mágico para ser eleito é o de 270 delegados.

Mas o clima de confiança e alegria foi se transformando ao longo da noite. A conclusão da apuração dos votos em estados-chave, como Flórida, Ohio, Nevada, Wisconsin, Michigan e Pensilvânia, pavimentou o caminho para o "improvável": Donald Trump acabara de ser eleito presidente americano.

A ELEIÇÃO DISRUPTIVA

Naquela madrugada, Washington, D.C., ficou muda e deserta. Era exatamente o oposto do clima após a primeira vitória de Barack Obama, em 2008. Aquele silêncio martelava uma questão fundamental sobre o que acabara de acontecer: como foi possível?

O leitor deste livro decerto tem outra questão: qual a relação entre o fenômeno Trump e a eleição de Jair Bolsonaro?

Os representantes dos indignados

Durante uma reportagem da TV local em Iowa, nos Estados Unidos, logo antes das primeiras primárias republicanas, realizadas em fevereiro de 2016, um repórter, falando ao vivo de Des Moines, capital daquele estado, entrevistou, aleatoriamente, um cidadão que passava na rua, ao qual perguntou: por que você vai votar em Donald Trump para ser o candidato a presidente do Partido Republicano? A resposta veio direta e seca: "Porque ele é diferente de tudo que está aí."

A partir dessa perspectiva, é possível compreender a musculatura e a resiliência da narrativa que a afirmação expressa.

Num mundo onde as pessoas não se sentem representadas pela classe política, numa era em que os tradicionais partidos políticos se desconectaram dos problemas reais e se afastaram do cidadão comum, e, para piorar, num ambiente político povoado por escândalos de corrupção, a ascensão do "novo", do "fora da política" e do "diferente de tudo que está aí" se torna muito forte.

Nesse contexto, quem se apresentou dessa maneira tornou coadjuvantes todas as outras narrativas e temáticas. Tudo passa a ser secundário, menor, se você representa a velha política e os antigos partidos, o que o associa à corrupção. Tal percepção ainda criou uma espécie de "anestesia" para frases polêmicas e eventos controversos. Trump surfou esta onda.

Essa ficha, porém, demorou a cair. Os agentes políticos tradicionais custaram a perceber as evidências, ou nunca as perceberam, mesmo havendo outros sinais claros. Diversos movimentos políticos mundo afora tinham sido concebidos e ganharam força eleitoral sob o mesmo argumento central.

Vale destacar alguns: o *Podemos* e o *Ciudadanos* na Espanha, o *Five Star* na Itália, o *Bloco de Esquerda* em Portugal, o *Syriza* na Grécia e, mais tarde, o *En Marché* na França. Isso sem mencionar os movimentos de extrema direita, como o francês *Frente Nacional*, de Marie Le Pen, e o alemão *AfD*.

Independentemente das diferenças ideológicas ou doutrinárias de cada um desses partidos ou movimentos, o elemento "representante dos indignados" é comum a todos. Com o recrudescimento da indignação generalizada com a política, esses grupos cresceram e se multiplicaram. Surgiram os "outsiders", os "contra o sistema" e os "novos" de todas as cores, formas e atributos.

Nos Estados Unidos das eleições primárias de 2016, os legítimos representantes dos indignados eram Donald Trump, pelo lado Republicano, e Bernie Sanders, pelo Democrata. O senador de

A ELEIÇÃO DISRUPTIVA

Vermont acabaria perdendo para Hillary Clinton, mas não sem deixar um rastro de perplexidade em função das dificuldades que trouxe à disputa. Ninguém — nem a cúpula da campanha de Hillary — imaginava que Sanders pudesse mobilizar tanta gente e arrecadar tamanho volume de recursos financeiros. Alguns analistas democratas acreditam que o senador, mesmo com um discurso mais radical de esquerda, teria mais chances contra Donald Trump.

O mesmo valia para os republicanos: quem apostaria em Trump num pleito com tantas estrelas do partido como Jeb Bush (irmão do ex-presidente George W. Bush e ex-governador da Flórida), Marco Rubio (senador pela Flórida), Ted Cruz (senador pelo Texas e ferrenho opositor de Barack Obama), John Kasich (governador de Ohio) e ainda Chris Christie (governador de New Jersey)? Trump, contudo, era o competidor diferente de tudo que havia.

Um relatório do Eurasia Group, de 2017, comparou Geraldo Alckmin a Hillary Clinton. Dizia, basicamente, que Alckmin era a Hillary brasileira. Os resultados de 2018, entretanto, mostraram que o tucano estava mais para Jeb Bush — um governador experiente, mas que representava o establishment da política — do que para a ex-senadora de Nova York. Hillary ao menos ganhou no voto popular; teve aproximadamente 2 milhões a mais que Trump. Já o ex-governador da Flórida nunca decolou.

Foi a partir de um grupo focal com participantes de classe C, entre 35 e 45 anos, realizado no Rio de Janeiro, em abril de 2017, que ficou evidente que deveríamos prestar muita atenção em Jair Bolsonaro. Um dos participantes, em meio a uma discussão sobre presidenciáveis que envolvia nomes como Lula, Aécio Neves, Geraldo Alckmin, Ciro Gomes e Marina Silva, soltou a seguinte frase: "Eu vou de Bolsonaro." E, quando indagado por que, rebateu rápido: "Porque esses são todos iguais. O Bolsonaro é diferente de tudo que está aí."

Bingo! Os indignados brasileiros já tinham seu Trump.

O futuro, porém, mostraria que o perfil do eleitorado "duro" de Bolsonaro — aquele mais entusiasmado com o candidato — era bem distinto. Ele teve seu eixo fiel e cresceu a partir de um grupo formado por homens, jovens de até 30 anos, com escolaridade mais alta (ensino médio/superior) e habitantes dos grandes centros urbanos. Todos os dados apontavam que esse conjunto era composto por eleitores "órfãos" do PSDB.

Já Trump se apresentara como forte alternativa para eleitores mais velhos, acima de 45 anos, com baixa escolaridade — o que, nos Estados Unidos, significa ensino médio incompleto/completo — e de zonas mais afastadas das grandes cidades, não raro zonas rurais. Trump teve o mérito de fazer esse grupo voltar a votar no Partido Republicano. A mobilização dessa parcela do eleitorado surpreendeu todos os analistas locais e, principalmente, os próprios republicanos.

Há outra grande diferença: o fato de o Partido Republicano ser enorme, estruturado, histórico, e oferecer todas as condições logísticas, operacionais e políticas para a vitória sobre Hillary Clinton. Já Bolsonaro ingressara numa legenda com pouca expressão e sem qualquer tradição em campanhas majoritárias.

A ELEIÇÃO DISRUPTIVA 143

Pouco importa o que eles falam

Donald Trump impressionou o mundo político, a imprensa e a opinião pública com suas afirmações, no mínimo, controversas — para não dizer absurdas. Ele conseguiu a proeza de depreciar verbalmente os mexicanos (e, com isso, os latinos em geral), os afro-americanos, as mulheres, os muçulmanos, os deficientes físicos e diversos jornalistas, além de ridicularizar seus adversários. Nunca, na política americana, um candidato ultrapassou tanto o limite do razoável.

Por outro lado, por mais contraintuitivo que fosse, coisa alguma parecia afetar negativamente sua campanha e sua imagem, tanto nas primárias quanto nas eleições gerais. A explicação ficou evidente quando tivemos acesso a estudos quantitativos e qualitativos feitos por colegas da Universidade George Washington. O eleitorado americano que tinha alguma inclinação a gostar de Trump — ou, pelo menos, a não rejeitá-lo — não levava suas falas ao pé da letra, mas levava a sério todas as suas posições. Já a imprensa e o mundo político, presos em suas respectivas bolhas, levavam suas declarações ao pé da letra, mas não o levavam a sério. Um evidente viés cognitivo que "cegou" analistas de opinião pública americanos.

Um exemplo: ninguém acreditava plenamente nele quando dizia que grande parte dos mexicanos ingressantes nos Estados Unidos eram estupradores ou traficantes, e muito menos quando afirmava que iria construir um muro em toda a fronteira com o México, e que os mexicanos ainda iriam pagar pela construção. Porém, os eleitores confiavam que Trump seria muito mais duro com o tema imigração — fato que se materializou na sua gestão.

No quesito "geração de frases controversas" sobre minorias — especialmente mulheres, população LGBT e índios — e temas de política pública em geral, Jair Bolsonaro rivalizava diretamente com Donald Trump. A conhecida máxima "bandido bom é bandido morto", amplamente atribuída ao ex-deputado, é um exemplo. Poucos terão sido os seus seguidores/admiradores que realmente acreditaram que um governo Bolsonaro seria pautado por matar criminosos e armar a população indiscriminadamente. No entanto, todos estavam convencidos de que um governo Bolsonaro seria mais duro em matéria de segurança pública.

Os analistas políticos, imprensa e parte da opinião pública brasileira sofreram do mesmo viés cognitivo dos americanos: levaram Bolsonaro ao pé da letra e não o levaram a sério.

Vale ainda mencionar que as frases polêmicas também ajudaram a construir o atributo de "autenticidade" tanto para Trump quanto para Bolsonaro. Elemento amplamente escasso, na mente dos eleitores, entre os políticos tradicionais. Nos deparamos muito, em pesquisas qualitativas, com as seguintes frases de eleitores brasileiros e americanos: "Podem até falar bobagem, mas pelo menos falam o que realmente pensam."

O "empurrãozinho" da mídia espontânea

Paulo Maluf já dizia, sabiamente: "Falem mal, mas falem de mim." Estar em evidência e de maneira espontânea é um grande ativo para qualquer figura pública. Numa campanha eleitoral, a disputa por esse espaço se torna ainda mais relevante.

A ELEIÇÃO DISRUPTIVA

Nesse sentido, parte essencial da vitória de Donald Trump ancorou-se na ampla cobertura espontânea da imprensa americana. Seu talento para produzir continuamente polêmicas o colocou muito à frente de seus adversários nesse quesito.

Os pesquisadores Jack Beckwith e Nick Sorscher analisaram cerca de 22 mil textos publicados nos sites de alguns dos principais veículos jornalísticos dos EUA durante a campanha. Segundo o estudo, divulgado pelo site Data Face, Trump foi citado nos títulos de quase 15 mil artigos, mais do que o dobro das menções a Hillary.

De acordo com os pesquisadores, o tom da cobertura variava conforme a linha editorial do veículo. Nos sites da TV Fox News e da revista *Weekly Standard*, considerados conservadores, houve mais artigos favoráveis a Trump. Já nos sites de *The New York Times, Slate, The Washington Post, Politico, Chicago Tribune* e *The Wall Street Journal* houve mais textos simpáticos a Hillary.

Há, no entanto, quem avalie que a visibilidade — mesmo que negativa — recebida por Trump o ajudou a ganhar votos e a fazer com que sua candidatura decolasse.

Segundo uma pesquisa do Centro Shorenstein de Mídia, Política e Políticas Públicas da Harvard Kennedy School, a cobertura jornalística sobre Trump, nos oito maiores jornais e emissoras dos EUA, somente durante as prévias, rendeu-lhe espaço equivalente a US$ 55 milhões em anúncios publicitários.

Jair Bolsonaro contou com dois momentos críticos de mídia espontânea para consolidar sua imagem e seu favoritismo. O inicial — pouco aparente, mas importante — ocorreu em 2017. Naquele ano, o programa semanal *Pânico na TV* estreou o quadro "Mitadas do Bolsonabo". Na atração, o humorista Márvio Lúcio, travestido de Bolsonaro, subia em um palco, ao som de uma bandinha militar liderada por um anão, e respondia a perguntas do público.

A graça estava no fato de "Bolsonabo" contestar tudo na lata, grosseiramente, sem levar desaforo para casa. Um reforço ao seu atributo de autêntico. Vale lembrar que Bolsonaro sempre frequentou o programa, mais que qualquer político, desde 2013. Mas foi esse quadro que ajudou a popularizar o "mito" e sua autenticidade. Em paralelo, PT, PSDB e MDB conviviam com a mídia espontânea decorrente da Lava Jato.

O segundo momento crítico de mídia espontânea, com forte impacto, ocorreu com o evento da facada. Após o incidente, a imprensa, por razões óbvias, dedicou uma cobertura desproporcional para o candidato em comparação aos outros. Uma avalanche de notícias sobre seu estado de saúde, a apuração acerca do autor do atentado e as consequências para o desenrolar da campanha. Por diversos dias, todos os outros concorrentes viraram coadjuvantes.

Isso, naturalmente, colocou-o em vantagem. Os adversários pouco podiam fazer para rebater essa onda de cobertura exclusiva. A facada anestesiara, amenizara, os ataques ao candidato Bolsonaro na rádio e na TV, e ainda o livrara, por recomendação médica, dos confrontos diretos dos debates. Saíram os riscos, ficou a mídia espontânea.

A ELEIÇÃO DISRUPTIVA

Como elemento de diferença, é preciso pontuar que Trump fora apresentador de TV durante muitos anos, sempre mostrando muita desenvoltura, conhecimento e talento para esse tipo de comunicação. Lidar com a mídia era parte de seu êxito empresarial e estava no DNA de sua imagem. Muito diferente de Bolsonaro, que nunca tivera a mesma desenvoltura.

O "empurrãozão" das redes sociais

Foi nas redes sociais que ambos fizeram história e deixaram um legado de como maximizar o uso dessas ferramentas de maneira autêntica, simples e direta.

Se os órgãos de imprensa, cada um à sua maneira, sempre foram intermediários entre o eleitor e o político, as redes sociais permitiram a eliminação desses "mediadores". A comunicação passa a ser direta e a interação possibilita a construção de uma relação à margem da mediação da imprensa. Esse fator mudaria a história de campanhas eleitorais ao redor do mundo e marcaria o sucesso de Trump e de Bolsonaro.

Este livro tem um capítulo totalmente dedicado ao tema "redes sociais de Jair Bolsonaro", mas é muito relevante a comparação entre ele e Donald Trump nessa área.

O maior mérito de Trump foi estabelecer, por meio do Twitter, um diálogo aberto, constante, autêntico e real com as pessoas. Uma das maiores quebras de paradigma da comunicação política mundial. Acompanhar um político nunca fora tão simples: bastava ficar de olho em seu tweet matinal.

Abaixo da linha do Equador, Jair Bolsonaro utilizou pesadamente o Facebook para incluir vídeos com fortíssimos elementos de autenticidade e realidade. Quem acompanhava diariamente a sua página se sentia muito próximo do candidato: nos eventos, na rua, nos deslocamentos e nos diálogos. A sensação de proximidade era imensa.

Esse conteúdo se disseminou amplamente também no ambiente do WhatsApp. Nos Estados Unidos, o aplicativo foi, até o momento da conclusão deste livro, irrelevante para o contexto eleitoral. Somente americanos que se relacionam constantemente com o exterior o utilizam.

6.

E se?

A eleição presidencial dos Estados Unidos de 2000 foi uma disputa entre o candidato republicano George W. Bush, então governador do Texas e filho do ex-presidente George H. W. Bush, e o candidato democrata Al Gore, então vice-presidente de Bill Clinton. Bush ganhou por uma margem estreita, com 271 votos no Colégio Eleitoral contra os 266 de Al Gore.

Esta eleição ficaria conhecida pela controvérsia sobre a concessão dos 25 votos do colégio eleitoral da Flórida e o subsequente processo de recontagem nesse estado. A vantagem de Bush sobre Al Gore foi de aproximadamente seiscentos votos. A recontagem na Flórida nunca seria realizada, por decisão da Suprema Corte Americana. Ficou a sensação de que a eleição fora "roubada" pelos republicanos.

Desde 2000, muita especulação pairaria no ar sobre o que poderia ter mudado o resultado daquela eleição: "se tivessem recontado os votos da Flórida"; "se 20 mil que tiveram seus títulos de eleitores negados pudessem ter votado na Flórida"; "se Al Gore tivesse ganhado em outro estado"; e, até mesmo, "se Bill Clinton tivesse tido um caso com Sharon Stone (musa da época nos Estados Unidos) e não Monica Lewinsky".

E, em 2018, no Brasil? O que poderia ter acontecido para que, em 1º de janeiro de 2019, não fosse Bolsonaro o empossado presidente em Brasília?

Acreditamos que alguns "se" talvez pudessem ter mudado a história dessa campanha. Listaremos dezessete, para brincar com o número eleitoral do vencedor. Um puro exercício hipotético.

Talvez Jair Bolsonaro estivesse curtindo a aposentadoria de deputado federal na Barra da Tijuca...

1. Se Aécio Neves tivesse vencido as eleições de 2014 e tocado um governo razoavelmente bem avaliado na economia. Ou mesmo se o PSDB tivesse aceitado a derrota para Dilma Rousseff com mais naturalidade, sem contestar o resultado final da eleição.

2. Ou, antes, se Lula tivesse sido o candidato do PT em 2014 e vencido as eleições com mais facilidade que Dilma. Alguém duvida de que Lula teria mais força e habilidade política para evitar um processo de impeachment?

3. Se Joesley Batista, da JBS, não tivesse sido autorizado a visitar o presidente Michel Temer tarde da noite e, com isso, não houvesse qualquer gravação que comprometesse o governo recém-empossado.

A ELEIÇÃO DISRUPTIVA

4. Ou se a imagem de Rodrigo Rocha Loures correndo com uma mala cheia de dinheiro não tivesse sido exaustivamente exibida na televisão.

5. Se o PSDB, sob o comando de Geraldo Alckmin, tivesse expulsado Aécio Neves logo depois da divulgação do áudio que expôs sua conversa com Joesley Batista. Ou se o Senado Federal tivesse cassado o mandato do ex-governador de Minas Gerais.

6. Se o Tribunal Superior Eleitoral tivesse cassado a chapa Dilma-Temer.

7. Se o programa *Pânico na TV* tivesse escolhido outra figura política para satirizar e popularizar.

8. Se Olavo de Carvalho tivesse escolhido João Amoedo como o "salvador" da direita brasileira.

9. Se o PT, depois de Lula preso, tivesse abandonado a ideia de candidatura própria e apoiado Ciro Gomes.

10. Se outro outsider conhecido, como Luciano Huck ou Joaquim Barbosa, tivesse sido candidato.

11. Se a intervenção militar no Rio de Janeiro tivesse sido um sucesso e os brasileiros finalmente sentissem que a segurança pública tinha uma solução possível.

12. Se o tempo de campanha fosse maior e com mais tempo de rua e TV para que os partidos tradicionais pudessem anestesiar o sentimento "antipolítica".

13. Se a maioria esmagadora dos analistas políticos estivesse certa ao afirmar inúmeras vezes e categoricamente que "a máquina partidária" sempre resolve no final.

14. Se o eleitorado evangélico tivesse acolhido outro candidato. Marina Silva, por exemplo. Ou se o bispo Edir Macedo, da Igreja Universal do Reino de Deus, tivesse declarado apoio a outro concorrente.
15. Se não houvesse facada e Bolsonaro fosse obrigado a resistir aos ataques dos adversários e tivesse de comparecer a todos os debates na TV.
16. Se as manifestações do #elenão, com a eficiente resposta da campanha de Bolsonaro na batalha da comunicação virtual, não tivessem ajudado a despertar o sentimento antipetista ainda mais. Ou se algum juiz tivesse derrubado o uso de WhatsApp no país durante a campanha.
17. Se o candidato do PT não fosse Haddad, mas o próprio Lula.

7.

Nada será como antes. Mas nem tudo será diferente de antes

É recomendável ter muita cautela na análise do processo eleitoral de 2018, como modelo de campanha eleitoral e como padrão de competição política. É preciso dar tempo ao tempo para decantar as tendências mais estruturais, que vieram para ficar, dos fenômenos que — o futuro poderá mostrar — foram expressão momentânea de um quadro conjuntural.

A ideia de que "nada mais será como antes", de que, a partir de agora, "tudo será diferente", sempre é tentadora em momentos que marcam rupturas, que sinalizam grandes mudanças. Mas há que se aprender com a história. Quando Fernando Collor elegeu-se em 1989, muito se falou sobre o fim dos partidos tradicionais e das estruturas herdeiras da "Nova República". Na noite em que celebrou sua vitória, relatam os jornais da época, Collor fez um brinde celebrando "o fim do PT".

Dois anos depois, seriam justamente esses partidos tradicionais a reorganizar o processo governativo do país e a iniciar um ciclo de dez anos no poder, com Itamar Franco e depois com Fernando Henrique Cardoso. Em 2002, treze anos após a vitória de Collor, o PT de Lula venceria o pleito presidencial para dar partida a um ciclo de poder que duraria outros cabalísticos treze anos, com os mandatos de Lula e depois Dilma Rousseff.

Vivenciou-se em 2018 uma eleição disruptiva, ou seja, que desorganizou e alterou de forma ríspida os padrões, os atores, as referências de competição partidárias vigentes. Junto com a eleição de Bolsonaro, houve a eleição do Congresso mais fragmentado desde o fim da ditadura militar, uma queda brusca na representação de partidos tradicionais como PMDB e PSDB, e a emergência de novas lideranças outsiders a postos importantes, como os governos dos estados do Rio de Janeiro e de Minas Gerais.

Diante desse cenário, a questão que se coloca é: esse modelo de campanha eleitoral tende a se tornar padrão? Ou carrega características muito particulares que dificilmente se reproduzirão dessa maneira? O "modelo Bolsonaro" pode ser entendido como uma espécie de fórmula universal para levar outros candidatos à vitória, a constituição de um novo paradigma de campanha que veio para ficar?

Nossa resposta, com todos os riscos que implica, é não. A vitória de Bolsonaro, que carregou consigo uma enorme taxa de renovação no Congresso e a emergência de novas lideranças outsiders, explica-se pela articulação entre uma grande mudança tecnológica nas plataformas de comunicação política — e

A ELEIÇÃO DISRUPTIVA

isso com certeza veio para ficar e impactará cada vez mais as campanhas futuras — e uma conjuntura política muito específica, que combinava a indignação dos eleitores, a ascensão de um mosaico de antidiscursos de natureza conservadora, a desmoralização do sistema partidário tradicional como consequência da Operação Lava Jato e a decorrente perda, por parte da atividade política, de legitimidade como o *locus* de solução dos conflitos e dos problemas da economia e da sociedade. Essa perda de legitimidade da política, porém, pode ser momentânea. É difícil imaginar que não reencontre um caminho.

É preciso, então, ser prudente e deixar decantar, nesse modelo de campanha apresentado por Bolsonaro, o que tende a ser permanente e estrutural — no caso, as mudanças tecnológicas e nas plataformas de comunicação, e o consequente empoderamento dos eleitores que isso gera — dos aspectos possivelmente conjunturais e que podem ser subvertidos.

Em 2018, houve uma série de acontecimentos políticos atípicos. Uma campanha cujo líder nas pesquisas estava preso, e em que uma facada, em meio ao primeiro turno, constituiu-se em fator mobilizador e propulsor de um favoritismo, o de Bolsonaro, que já estava estruturalmente delineado. Ou seja, muitos elementos que dificilmente se repetirão, e que estiveram umbilicalmente ligados ao sucesso da inusitada estratégia de campanha de Bolsonaro, que venceu sem programa de TV e sem participar dos debates, e que alimentava sua popularidade com base no conflito e no antidiscurso.

Não há fatos sólidos o suficiente para avalizar que essa última característica — a vitória de um antidiscurso e de uma retórica agressiva — seja uma nova tendência de comportamento eleitoral, algo que teria vindo para ficar e que suplante uma lógica enraizada secularmente, a de que as pessoas votam, em primeiro lugar, em uma ideia de futuro, uma projeção boa para o eleitor, e que um candidato deve ser um mercador de esperança.

Historicamente, discursos com essas características emergem em circunstâncias de crise e de anomia. Desde a eleição de 2014, um conjunto de acontecimentos levou o Brasil a uma situação conflagrada, e esse ambiente foi decisivo para a propagação da onda Bolsonaro pelas redes sociais. Momentos como esse, entretanto, passam.

A campanha presidencial de 1989, principalmente a de Collor no primeiro turno, e depois o seu embate com Lula no segundo turno, é paradigmática da transição do marketing político brasileiro à modernidade e consolidou algumas tendências que serviriam como princípios universais para as disputas políticas vindouras, sobretudo nos campos do planejamento, da estratégia e da linguagem: campanhas planejadas com base em pesquisas, guiadas pelo imperativo do posicionamento, da construção de imagem, focadas em gerar sentimentos positivos e que traduziram o discurso político racional para as formas simbólicas e emotivas que funcionam na TV — e agora também na plataforma mobile. Estratégias de debate pensadas para impactar muito mais pela simbologia do que pelos argumentos. Um conjunto

A ELEIÇÃO DISRUPTIVA

definidor de novo paradigma, que subverte e retira o sentido da ordem anterior das coisas. Algo que ainda não pode ser atribuído à campanha de Bolsonaro em 2018. Não sem a decantação do tempo. O que não significa que não tenha sido um ponto muito fora da curva, tão insinuante que reconfigurou a curva de modo a que não volte a seu desenho original.

As redes sociais vieram para ficar, e o WhatsApp, sem dúvida, é a grande fronteira a ser compreendida e dominada (por ora, porque não tardará que outras plataformas surjam). Kotler, Kartajaya e Setiawan afirmam, por exemplo, que "a conectividade é possivelmente o agente de mudança mais importante na história do marketing".[17] Eles têm razão, embora isso não tenha feito com que as maiores marcas mundiais desistissem de anunciar na televisão.

Os processos sociais de comunicação política e, portanto, o marketing político obviamente não ficariam imunes a tudo que ocorreu em 2018. Como, no passado, a era do rádio e da TV significou uma verdadeira revolução de estratégia e linguagem nas campanhas eleitorais, o fenômeno da conectividade também impõe uma nova dimensão. O que não significa, entretanto, que esse novo universo anule completamente o anterior.

Não é aconselhável que um candidato, à luz da experiência de Bolsonaro, acredite que possa vencer uma eleição fora da TV e somente nas redes sociais. O próprio Bolsonaro lutou muito, por exemplo, para ter o apoio do Partido da República, porque

---

17. KOTLER, P.; KARTAJAYA, H.; SETIAWAN, I. *Marketing 4.0*: do tradicional ao digital. Rio de Janeiro: Sextante, 2017.

sabia que a falta de tempo de televisão poderia ser uma grande fragilidade. Não ter tido esse espaço foi obra do contexto, não uma opção.

A comunicação no mundo das redes é inclusiva. Gera empoderamento. É horizontal, orgânica. Nela, o que vale é fundamentalmente o engajamento que a informação provoca, o grau de ativismo que desperta nas pessoas comuns, a disposição de retransmiti-la para amigos e familiares em grupos de WhatsApp e perfis de internet. Ou seja, exige uma linguagem diferente da linguagem política tradicional, que tende a ser vertical, impositiva, uma fala de cima para baixo.

Esse processo de empoderamento e essa rede horizontal de comunicação vieram para ficar. Mas a questão é: que tipo de mensagem e de linguagem terá força para chamar a atenção, gerar engajamento e viralização nesse mundo de conectividade? Nas redes sociais, assim como na vida em geral, a política continua a ser um assunto de interesse secundário do eleitor. Como vencer a barreira da indiferença?

Na eleição de 2018, no Brasil, assim como na de Donald Trump, em 2016, uma conjuntura de crise e de indignação geral dos eleitores propiciou um ambiente favorável a que discursos preponderantemente destrutivos "viralizassem", gerassem engajamento em massa e tomassem conta das redes sociais. Mas, insista-se, isso se deveu a uma conjuntura; de modo que outra questão se coloca: que tipo de linguagem poderá gerar engajamento sob circunstâncias diferentes? Numa eleição que não

A ELEIÇÃO DISRUPTIVA

esteja sob o signo do ódio, o que poderá despertar novamente a disposição ativa de passar as informações adiante?

Para quem quer ser candidato, em qualquer nível, o desafio de construir militância digital passa a ser tão importante quanto ter uma rede de cabos eleitorais. Uma militância digital que consiga romper a barreira da "bolha" na qual os ativistas políticos tendem a viver, falando eternamente aos mesmos. Se existe uma lição da campanha de Bolsonaro que pode ter validade universal, é essa.

Ele soube construir uma rede orgânica de apoiadores, sem a qual fake news eventualmente impulsionadas jamais teriam o alcance e o impacto formador de opinião pública que tiveram. E isso é obra que leva tempo e depende de uma verdadeira estratégia de organização de bases eleitorais, como sempre foi feito, só que no mundo virtual. Não adianta tentar simplesmente contratar uma agência e alavancar conteúdo digital. Sem rede orgânica, sem militância virtual, o movimento não terá credibilidade para rodar.

Esse universo da conectividade política também abre novos terrenos de evolução para as estratégias de pesquisa ao alcance de uma campanha. Na esfera quantitativa, as pesquisas por telefone se aproximaram enormemente, em precisão, das de campo. Aplicativos de mobile asseguram uma base permanente de pesquisas com respostas instantâneas. E técnicas de pesquisa de antropologia digital permitem, por meio da gravação de depoimentos de eleitor via mobile, obter opiniões qualitativas de maneira mais rápida e com uma intensidade de expressão mais difícil de ser capturada em grupos com muitos participantes. As possibilidades vão muito além de convidar oito pessoas para comer e discutir política numa sala controlada de grupo focal.

Em campanhas que se desenvolvem em dois universos paralelos — on e off-line, redes sociais e TV —, o desafio de combinar uniformização de mensagem com segmentação se tornará ainda mais complexo. A televisão continua a ser o principal instrumento para uma mensagem de "atacado" (macro, ou seja, a bandeira principal), que pretenda transmitir a essência do posicionamento de um candidato, explicar a que ele veio, definir a mínima razão do voto, que movimente a narrativa histórica e o sentimento. E as redes sociais oferecem possibilidades quase ilimitadas de segmentação de mensagem por interesse ou afinidade específica. Dispõem um universo propício para o diálogo com diferentes comunidades e "tribos". Ou seja, com a ampliação das plataformas, as maneiras de combinar uniformização do discurso e segmentação de mensagens são muito maiores.

Outra questão que suscita novos debates, pesquisas e experiências é a linguagem. Num programa eleitoral de televisão, o fundamental é uma boa equação entre conteúdo, forma e tom. Conteúdo é o componente racional da mensagem. Forma, o seu desdobramento criativo. Tom, um elemento mais sensorial, que

A ELEIÇÃO DISRUPTIVA

diz respeito às sensações que o programa transmite e a pré-disposição afetiva que gera no espectador, o que é essencial para a receptividade da mensagem. A internet e o WhatsApp são o território da "memeficação", das mensagens artesanais, das coisas cruas — alguns dizem mais reais. Do que as pessoas mais gostam na internet? Humor, futebol, pornografia, autoajuda, as imagens grotescas... Redes sociais e televisão são arenas com linguagens absolutamente distintas.

Adaptar uma mesma estratégia e uma mesma mensagem a plataformas diferentes é um desafio. Nesse sentido, é interessante comparar o Bolsonaro das redes ao que apareceu no horário eleitoral no segundo turno. O primeiro chama o adversário de poste e diz que vai "fuzilar a petralhada". O segundo troca beijos com a filha e com a esposa. Duas plataformas, dois comportamentos de um mesmo candidato, tudo integrado na mesma estratégia.

O marketing político não acabou. Ao contrário, tornou-se mais complexo. Por isso, como uma técnica especializada, é cada vez mais necessário. Inteligência, diagnóstico profundo, planejamento e criatividade se tornaram ainda mais decisivos. É assim desde sempre.

A batalha política, desde a Grécia Antiga, constitui-se, em sua ponta final, em atos de fala, a processos comunicacionais. O surgimento dos partidos de massa e o aumento da inclusão eleitoral, e a entrada das campanhas na era do rádio e da TV, e agora no mundo da alta conectividade de massa, mudaram as plataformas de disputa e a linguagem, mas não a essência do que seja processo eleitoral, uma batalha de imagens, narrativas e energias. Não mudam a essência de uma campanha: o equilíbrio entre arte e ciência. Marketing, publicidade, comunicação não são coisas estranhas à política. São linguagens dela, indissociáveis de seu processo de massificação.

Quanto o aspecto "voluntarista" da campanha de Bolsonaro é, de fato, autêntico? Ou quanto é, em si mesmo, uma estratégia de marketing? Não se sabe. Qual o verdadeiro grau de profissionalização por trás de sua campanha, principalmente no WhatsApp e nas redes sociais? A resposta ainda é nebulosa. Talvez nunca se tenha a real leitura sobre os bastidores dessa campanha.

Mesmo assim, e concordando com a hipótese de que o grande segredo para o sucesso de sua estratégia foi o engajamento voluntário, não se encontra nesse modelo de campanha — fora da TV e dos debates, aquecido todo o tempo pela linguagem do confronto, com predominância de mensagens negativas mais preocupadas em desestruturar o adversário do que em construir — algo que possa ter universalidade e facilmente ser replicado, com sucesso, em outras circunstâncias e outros lugares.

Bolsonaro se elegeu em uma conjuntura de crise, numa eleição sob o signo da indignação e do ressentimento, em que a batalha de rejeição foi mais importante que a disputa em função de uma ideia de futuro. Se esse contexto fosse uma regra, viveríamos numa sociedade da crise e do conflito permanente, sendo a lógica da democracia exatamente o contrário: achar a solução para as crises e fazer uma ponderação dos conflitos. Numa democracia, as circunstâncias em que Bolsonaro se elegeu não representam a regra, mas o excepcional. A moeda, afinal, costuma dar cara ou coroa.

Este livro foi composto na tipografia
Warnock Pro, em corpo 12/18, e impresso em
papel off-white no Sistema Cameron da
Divisão Gráfica da Distribuidora Record.